[老年国学教材]

浙江老年电视大学

国学经典新读

GUOXUE JINGDIAN XIN DU

U0743931

浙江工商大學出版社 | 杭 州
ZHEJIANG GONGSHANG UNIVERSITY PRESS | HANGZHOU

图书在版编目(CIP)数据

国学经典新读 / 潘水根主编. —杭州 : 浙江工商大学出版社 , 2021.2
ISBN 978-7-5178-4308-5

Ⅰ . ①国… Ⅱ . ①潘… Ⅲ . ①国学 － 通俗读物
Ⅳ . ① Z126-49

中国版本图书馆 CIP 数据核字 (2021) 第 026148 号

国学经典新读
GUOXUE JINGDIAN XIN DU

潘水根　主编

责任编辑	张晶晶
责任校对	何小玲
封面设计	杨　萍
责任印制	包建辉
出版发行	浙江工商大学出版社
	(杭州市教工路198号　邮政编码310012)
	(E -mail:zjgsupress@163.com)
	(网址 :http://www. zjgsupress.com)
	电话 :0571-88904980，88831806（传真）
排　　版	杨　萍　廖青青　徐鹏超
印　　刷	浙江新华数码印务有限公司
开　　本	710mm×1000mm 1/16
印　　张	9
字　　数	130 千
版 印 次	2021 年 2 月第 1 版　　2021 年 2 月第 1 次印刷
书　　号	ISBN 978-7-5178-4308-5
定　　价	58.00 元

编委会名单

主　任　　夏建成

副 主 任　　周世平　黄建萍　周　勤

编　委　　潘水根　赵怀剑

设　计　　杨　萍　廖青青　徐鹏超

前 言 | PREFACE

党的十八大以来，习近平总书记在多个场合谈到中国传统文化，表达了自己对传统文化、传统思想价值体系的认同与尊崇。"我们要坚持道路自信、理论自信、制度自信，最根本的还有一个文化自信。"那么，为什么"四个自信"中，文化自信最为根本？因为"文明特别是思想文化是一个国家、一个民族的灵魂。无论哪一个国家、哪一个民族，如果不珍惜自己的思想文化，丢掉了思想文化这个灵魂，这个国家、这个民族是立不起来的"。因为中国优秀传统文化，"可以为治国理政提供有益启示，也可以为道德建设提供有益启发"，"我国今天的国家治理体系，是在我国历史传承、文化传统、经济社会发展的基础上长期发展、渐进改进、内生性演化的结果"；更因为"只有坚持从历史走向未来，从延续民族文化血脉中开拓前进，我们才能做好今天的事业"，"没有文明的继承和发展，没有文化的弘扬和繁荣，就没有中国梦的实现"。

在我的学习体会中，文化自信是一个系统工程，先要做到文化自知，继而文化自珍，继而文化自信，最后达到文化自觉。

文化自知是文化自信的根本前提，是基础。你首先要知道我们的文化都包含什么样的内容。它们是怎样传承的，又是怎样发展的？它们在过去曾起到过什么样的作用？到了今天，又如何与时代发展相契合？

我想，这或许也是我们老年教育要开设国学一类课程的根本原因。

刚刚接到浙江老年电视大学教材编写任务时，我的心情既欣喜又惶恐。欣喜的是终于有机会、有理由将自己三十多年来教学过程中所涉猎的国学常识做一次较系统的梳理，我相信，梳理的过程也是自我学习的过程，更是自我提高的过程；惶恐的是国学内容纷繁庞杂、包罗万象，真不知如何架构体系。何谓纲？何谓目？如何取舍材料？我深知，将浩如烟海的古典文献编入这薄薄的一本小册子里，注定会是一件留下无数遗憾的事情。

全书分为十五章。第一章谈老年人和国学，可视为绪论；第二章论国学中的智慧，可视为总纲；之后各章分别选取一个主题，大体按个人自身修为、人与人之间如何相处、人如何融入社会等几块内容排列；部分主题因篇幅较大，又分作上、下两部分，各自成章。

在介绍每个主题时，常常就一些关键字、词做一番较烦琐的阐述，一来觉得文字释义有助于读者了解文字所承载思想的来龙去脉，便于较精准地把握此思想的内涵；二来也想借此告诉读者，咬文嚼字原本就是国学的一部分。

谈国学，不能不引用原文。鉴于个别读者在文言文理解上可能有的困难，绝大多数引文都做了翻译或串讲；为了阅读方便，所有引文只在行文中交代出处，不做注释。

书名取作《国学经典新读》，单就一个"新"字，让我在编写时惴惴不安，如坐针毡。通览全书，新意寥寥。唯一聊以自慰的是，书中所涉及的一些最基本的概念似乎给疏通明白了。

此教材在编写的过程中，得到了浙江老年电视大学的大力支持和协助，谨致深切谢忱。由于时间仓促，更由于水平限制，书中定有不少缺点和错误，衷心希望专家、读者批评指正。

潘水根

2020 年 12 月 25 日

目 录 | CONTENTS

第一章

老年人和国学

LAONIAN REN
HE GUOXUE

一、什么是国学

两千多年前，也就是战国的时候，齐国的荀子在《王制》一文中曾有过这样的说法："人，力不若牛，走不若马，而牛马为用，何也？曰：人能群，彼不能群也。"说的是我们人，论力气没有牛大，论奔跑的速度也没有马快，但人却能让牛马供自己使用。人之所以能做到这一点，是因为"人能群，彼不能群"。所谓"群"，指的是人总是能有意识地与他人建立起这样或那样的关系，这种关系能让人变得强大，其活动范围也进一步拓展。

按照学术界的一般描述，在我们这个地球上的早期人类，为了更好地生存，常常以群居的方式生活，我们称之为"原始人群"。后来出现了以血缘为纽带的"氏族"，之后是"部落""部落联盟"，而后有了一个个"国家"。

一个国家有一个国家的组织制度、法律法规，有统治者所推崇的道德礼俗，有学者关于治国安邦的诸多主张，有天文的探索、地理的描述、历史的记录，也有"饥者歌其食，劳者歌其事"的文学作品，凡此种种，经一代又一代人的诠释、讨论、挖掘、传承和发展，人们称

1

之为"学问"。

一国之学问，便是国学。

"国学"一词，据现存文献记载，最早出现在《周礼》一书中，"乐师掌国学之政"。同样性质的指称，在之后的文献中也偶有提及，如《唐会要》有"贞观五年以后，太宗数幸国学、太学，遂增筑学舍一千二百间"的记载。此"国学"的意思是官方所办的国家级的学校。

接近于现代意义的"国学"概念，是1840年鸦片战争之后，伴随着中国近代史上中西方政治、经济、科技、军事、文化等一次次的碰撞逐渐被提出并确立起来的。面对表面上看起来更先进、更具优势的西方学说，一拨又一拨国人开始认真地审视我们已有的传统文化，开始思索这故纸堆里蕴藏的各种理论、学说、主张，时至今日，到底还有没有价值？需要不需要坚守？哪些是精华？哪些是糟粕？有人把西方传来的学说，叫作"西学"，或叫作"新学"，把中华大地上经一代又一代人传承下来的学说，叫作"中学"，或叫作"旧学"。有人主张应"全盘西化"，有人主张"中学为体，西学为用"，有人视老祖宗传承下来的学说为"国粹"，也有人渴望通过整理"国故"，以求传统文化脱胎换骨，引领民族自强。

在此背景下，相对较清晰地为"国学"这一概念下定义的，是一位叫邓实的人，他在1906年的《国学讲习记》一文中说："国学者何？一国所有之学也。有地而人生其上，因以成国焉，有其国者有其学。学也者，学其一国之学以为国用，而自治其一国也。"

一国之学问，由于历史久远，著书立说者众，经长时间积累，流传至今的，可谓浩如烟海，就其内容而言，也是包罗万象。

有人把清朝乾隆皇帝主持下，由纪晓岚等三百六十多位高官、学者参与编撰，三千八百多人日夜抄写，耗时十三年编成的《四库全书》，看成"国学"。其中，彰显儒家思想精髓，被历朝历代众多统治者奉为立国之本的，列为经部；历朝历代所形成的各种历史书、地理书、政论、典册等，列为史部；各类有识之士著书立说，所宣扬的各种观点、主张、心得等，列为子部；以文学作品形式呈现的各类诗词文集，列为集部。

自然，也有人觉得将《四库全书》所涵盖的典籍统统视为"国学"，不免过于庞杂，如子部种树、园艺一类的书，看相、算命一类的书，若将其当作"国学"来研习，或许倒不利于"国学"之繁荣。应该把"国学"主体框定在"以为国用"的经学上。

有人从中国传统文化对民众人生价值观、生活方式等影响的深度及广度去分析，发现像儒家、道家和佛学的思想表现最为显著，因此认为研习"国学"，应重点瞄准儒道释这三块。

本书所谈及的国学经典，限于篇幅，只选取历代典籍中至今还透着智慧，能对当下的社会生活有指导或借鉴意义的一些片段。

二、老年人为什么要学点国学

关于学习，《荀子》一书将其列为人生的首要问题，《劝学》一篇开宗明义便是"学不可以已"，一个人的学习不可以中断，也没有终点，它是我们人生一辈子的事。为什么？荀子用了一系列比喻来阐释其中的道理："青，取之于蓝，而青于蓝；冰，水为之，而寒于水。木直中绳，𫐓以为轮，其曲中规，虽有槁暴，不复挺者，𫐓使之然也。故木受绳则直，金就砺则利，君子博学而日参省乎己，则知明而行无过矣。"意思是说，像靛青一类的颜料是从蓝草一类的植物中提取出来的，但往往比蓝草的颜色更深；冰是由水凝结而成的，却比水更显寒冷。一块原本挺直的木材，只要我们需要，便可以用火烘的办法让木材的弯度合乎圆的标准，制作成车轮，即使是那些已经干枯的木料，看上去似乎永远不复挺直了，但借助于火烘，照样可以欲直则直。所以木材用墨线量过，再用辅助工具加工就能取直，刀剑一类的金属制品放在磨刀石上磨过便变得锋利无比，君子广泛地学习，而且能做到每天检点反省自己，那么他就会变

3

得聪明机智，在行为上自然也就不会有过错了。这便是学习的功劳、学习的价值。

那么，老年人为什么要学点国学呢？

第一，倡导终身学习的理念。西汉时刘向编撰《说苑》，里面有这么一则："晋平公问于师旷曰：'吾年七十，欲学，恐已暮矣。'师旷曰：'何不秉烛乎？'平公曰：'安有为人臣而戏其君乎？'师旷曰：'盲臣安敢戏君乎？臣闻之：少而好学，如日出之阳；壮而好学，如日中之光；老而好学，如秉烛之明。秉烛之明，孰与昧行乎？'平公曰：'善哉！'"意思是说，晋平公有一天对师旷说："我已经七十岁了，很想再学点东西，只是担心年事已高，现在学也太晚了。"师旷冷不防回了一句："你为什么不点上蜡烛呢？"晋平公说："世上哪里有做臣子的调侃自己国君的？"师旷说："臣虽然双目失明，但还不至于眼里没有国君。臣的话自有道理，怎敢调侃国君您呢？我听说，少年好学，犹如早晨的朝阳，喷薄而出，透着希望；壮年好学，如日中天，光耀大地；老年好学，就像点燃蜡烛的光亮，虽是微光，但在烛光下行走与在黑暗中行走相比，哪个更好？"晋平公听到这里，点头称是。

第二，孔子的弟子子夏在谈及学问时，有这样一番见解："贤贤易色；事父母，能竭其力；事君，能致其身，与朋友交，言而有信。虽曰未学，吾必谓之学矣。"意思是说，一个人看到贤者，脸上立刻流露出恭敬之神情，内心谋划着要向他看齐，以他为榜样；他侍奉父母能竭尽全力；辅助君王成就一番事业，常常不惜自己的性命；跟人交往，总是说话诚实，恪守信用。这样的人即使没有进过一次学堂，但我以为他照样是一个很有学问的人。在子夏看来，思想也好，学问也罢，并不玄奥，也不神秘，更不是什么高不可攀的东西。一个人经历了很多事，感受过了，体验过了，也思考过了，总结总结，提炼提炼，也便是学问了。老年人这一路走过来，普遍经历了很多很多的事，也有很多很多的感悟，在接触国学的过程中，受其启发，或许能思前人之未思、悟前人之未悟，能就以往的主张、观点、学说，有所补充、有所完善、有所深化，这本身就有利于国学的发展。

第三，中国古人看重"体认"，你说这种思想如何如何好，这种学说怎样怎样在理，我们往往不以为然。一个人只有自己在社会生活中经历了，才会对这种思想或学说有真真切切的体会与认同。北宋苏辙在给他哥哥苏轼写的墓志铭中有这样一段话："初好贾谊、陆贽书，论古今治乱，不为空言。既而读《庄子》，喟然叹息曰：'吾昔有见于中，口未能言，今见《庄子》，得吾心矣。'……后读释氏书，深悟实相，参之孔、老，博辩无碍，浩然不见其涯也。"苏轼年少时便"奋厉有当世志"，刚踏入仕途就著《思治论》，他关心时事，尤其关心百姓疾苦，以他这样的政治体验、政治期许，读贾谊、陆贽他们关于古今治乱的著作，自然心有戚戚然；之后命途多舛，一路被贬，苏轼尝试着在痛苦绝望中努力舒展自己，读《庄子》自然深得"吾心"；到人生晚年，他已不再纠结于自己的遭遇，也不再留意人生的得失，全身心地以出世之态度，做起入世之事业。所以，到这个时候，无论是佛教的慈航普度，还是儒家的"仁以为己任"，或者老子的"道"，融会贯通，化为一体了。苏轼一生，不是为学问而学问，而是用自己的人生体认学问，再用学问去激励自己的人生。我们老年人今天去读点国学，凭借我们已有的人生经历，原本看似深奥难懂的道理，或许一下子就变得浅显明白了；原本心有所想、口不能言的体会，或许一下子就脱口而出了；原本支离破碎，看上去又有些矛盾的观点，或许一下子就"博辩无碍，浩然不见其涯"了。

第四，南宋词人蒋捷有首《虞美人·听雨》的词："少年听雨歌楼上。红烛昏罗帐。壮年听雨客舟中。江阔云低、断雁叫西风。而今听雨僧庐下。鬓已星星也。悲欢离合总无情。一任阶前、点滴到天明。"年少的时候，歌楼上听雨，红烛摇曳，昏暗的灯光下罗帐轻盈，那是一个"无故寻愁觅恨"的年纪，那是一个"为赋新词强说愁"的年纪，耳听得淅淅沥沥的雨声禁不住伤感、惆怅。人到中年，漂泊在他乡的小船上，看蒙蒙细雨，茫茫江面，水天一线，"乡愁渐生灯影外，客愁多在雨声中""数间茅屋谁知处，烟雨蒙蒙隔断桥"。被困在无边无际的雨幕里，耳听见西风中一只失群的孤雁阵阵哀鸣，禁不住悲从中来，怆然而绝望。现在人已暮年，两鬓已是斑白，独自一人在僧庐下，听细雨点点，终于明白了人生悲欢离合的经历是无情的，放下了，不再执着了，就任凭台阶前一滴滴的小雨下到天亮吧。一个"任"字，将外面那滴滴答答的雨声与老年人的人生分割开来，此时的雨声与时事的纷乱无关，与人生境遇之苦乐无关，不栖于情，不留于意。这便是"超然"，老年人常有的"超然"。带着这样的超然心态去读点国学，境界自然也就不同。清代张潮在《幽梦影》中这样说："少年读书，如隙中窥月；

中年读书，如庭中望月；老年读书，如台上玩月。皆以阅历之浅深，为所得之浅深耳。"少年的一个"窥"字透着新奇，也显得局促；中年的一个"望"字透着凝重，也多少有点彷徨不安；而老年的一个"玩"字，所呈现的是一派随意、一种轻盈、一份自在。也正是怀一颗超然的心，才会自在地阅读，这样的阅读才能真正起到修心养性之功效。

第五，老年人读点国学有助于国学的传承和发展。现在的孩子因为种种原因，在长达十多年的学习生涯中很少接触国学，尤其是那些经典文献。老年人读点国学，在带小孩时便于引导孩子关注国学，喜爱国学，进而让孩子在自己的人生中自觉地去体认国学中的种种主张、观点、学说，这本身就有助于国学的传承和发展。

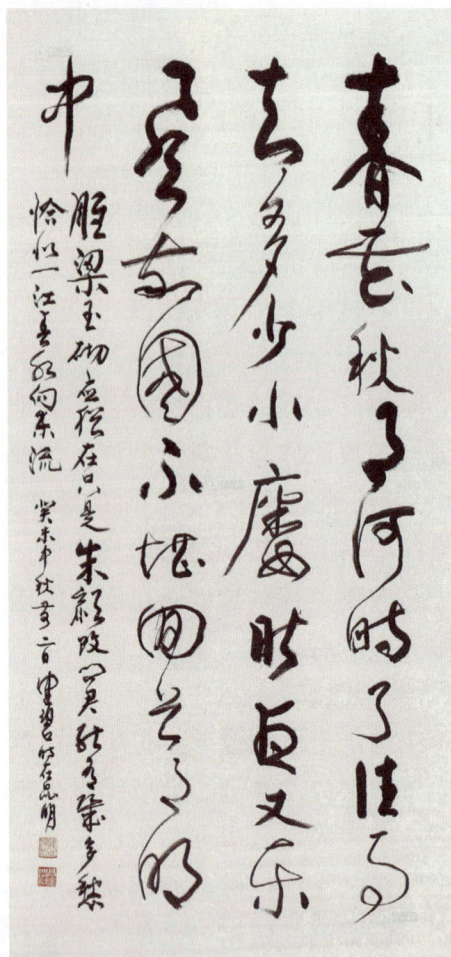

《虞美人》 陈佩秋书

6

第二章

国学的智慧

GUOXUE DE
ZHIHUI

自古学问之道，是应对问题而来的。照我们今天的说法，即发现问题，进而去分析问题，最后解决问题。千百年来，中国历代的有识之士针对他们个体生命所遭遇的问题和社会生活中的问题，不断地思考、总结，所形成的诸多主张、观点、理论等，始终透着智慧的光芒。

英国近代生物化学家李约瑟博士，毕生推崇中国文明，他曾在《四海之内》一书中断言："事实上，世界上其他各国都需要满怀虚心地向中国学习，不但向现代的中国学习，也要向历史上的中国学习，因为从中国人的智慧和经验中，我们可以获得医治现代病症的良药，以及推进今后全人类的哲学发展的必不可少的要素。"

阿诺德·约瑟夫·汤因比博士，曾被誉为近世以来最伟大的历史学家。1972年，他出版了由他亲自编订的《图说历史研究》，该书写道："如果要使被西方所动荡的人类生活再度安宁，……那么，这种变化的创始者必须在西欧之外的世界去寻求。可以想象它可能在中国出现。"1974年，汤因比与日本思想家池田大作在英国约克郡会面，多日的谈话内容被整理成《展望二十一世纪》一书，书中汤因比博士再次对中国传统文化大加赞扬，认为"在漫长的中国历史长河中，中华民族逐步培育起来的世界精神"，可以"成为世界统一的地理和文化上的主轴"；"中国人无论在国家衰落的时候，还是实际上处于混乱的时候，都能坚持继续发挥这种美德"。据此，他预言，中国人和东亚各民族的合作，在未来人类统一过程中，可能要发挥主导作用。

日本物理学家、诺贝尔奖得主汤川秀树1968年在其《创造力和直觉——一个物理学家对东西方的考察》一书中指出："老子是在两千多年前就预见并批判今天人类文明缺陷的先知。老子似乎用惊人的洞察力看透个体的人和整体人类的最终命运。"

1994年，日本大东文化大学教授沟口雄三在"孔子诞辰2545周年纪念与国际学术研讨会"的发言中说："现在，人类面临着利己主义还是共生主义问题。这正是儒学再次崛起的契机，因为儒学才是关注人类最根本问题的思想。儒学的共生主义正体现在'达己必先达人'的精神中。"

其实，这样流光溢彩的赞誉并不仅仅局限在对中国传统思想的认同上，例如，美国著名的汉学家亨利·哈特，在一部英译中国诗集 *A Garden of Peonies*（《牡丹园》）的序言里，也盛赞中国诗"是用最柔软的笔写在最薄的纸上的，但是作为汉民族的生活和文化的记录，这些诗篇却比雕刻在石头或青铜碑上更永垂不朽"。

那么，在我们国学所涵盖的浩如烟海的古籍文献中，到底蕴藏着哪些智慧呢？

究其根本，主要有这样几个方面：

一、敬重生命

在茫茫的宇宙中，生命的诞生一直被视为奇迹。

国学中的诸多理论、学说及主张，几乎无一例外地表现出对生命的敬重。

老子《道德经》有云："道生一，一生二，二生三，三生万物。"混沌而又苍茫的宇宙冥冥之中合乎规律地运行、演绎，才有了包括人类及其他生物在内的"万物"。一切有生命的个体既来自自然，也终将归于自然。自然是质朴的、本真的、纯粹的，人也应该"复归于婴儿""复归于朴"，用常见的成语来说，便是返璞归真，用现在时尚的话来说，便是回到初心。《道德经》一书多次提及"婴儿"，譬如："专气致柔，能如婴儿乎？"意思是说，任自然之气，致至柔之和，能若婴儿之无所欲乎？"众人熙熙，如享太牢，如春登台。我独泊兮，其未兆；沌沌兮，其未兆，如婴儿之未孩，儽儽兮，若无所归。"意思是说，众人迷于美景，惑于荣利，熙熙然如享太牢，如春登台，唯独我淡泊恬静，心里没有一丝私欲杂念，就如同还不会笑的婴儿一般，浑浑然心无所住。老子还说："含德之厚，比于赤子。"赤子即婴儿，老子特称赤子者，谓其赤诚纯真、无思无虑。成为"婴儿""赤子"，重新回到初心，这本身就是对人类生命最大的敬重。

在庄子的学说里，对生命的敬重主要表现在这样三个方面：

一是主张万物一体的"齐物论"，即人要摒弃以自我为中心的偏见，学会以开放的、超越的心观照万物。"民湿寝则腰疾偏死，鳅然乎哉？木处则惴栗恂惧，猿猴然乎哉？三者孰知正处？"意思是说，人们睡在潮湿的地方就会腰部患病甚至酿

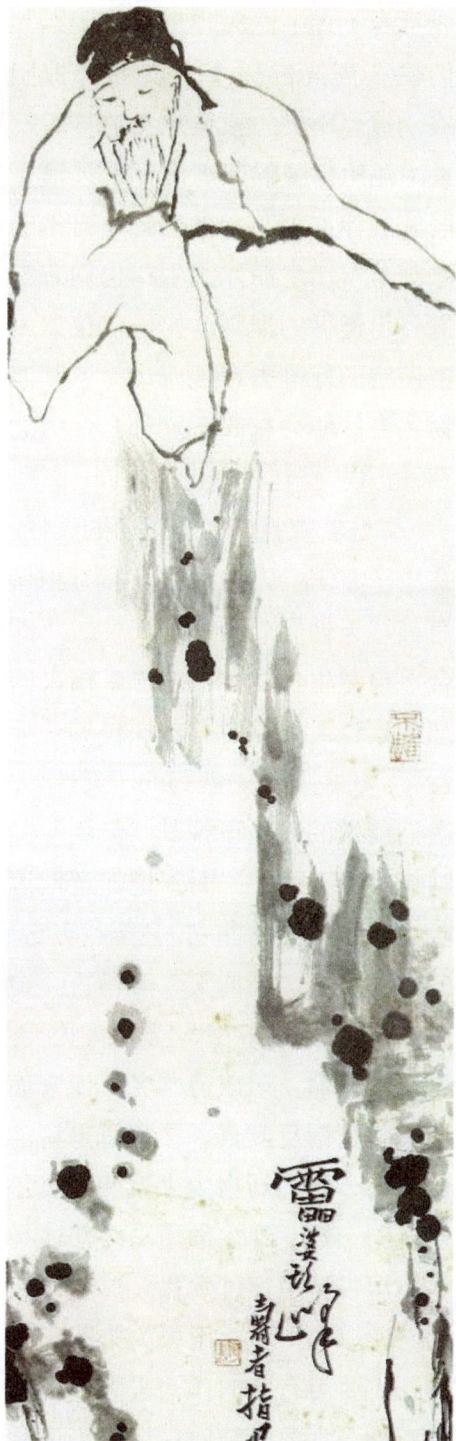

《庄子观鱼图》　潘天寿

9

成半身不遂，泥鳅也会这样吗？人们住在高高的树木上就会心惊胆战、惶恐不安，猿猴也会这样吗？人、泥鳅、猿猴三者究竟谁最懂得居处的标准呢？大自然有大自然的法则，一切生命体的生存也均有它们各自遵循的准则，如果仅仅以人类设定的标准去审视万物、评判万物，自然便会有高下之分、优劣之别、正误之辨。

二是着重强调呵护生命的天性。在庄子看来，天地之间万事万物皆有其"天性"，所谓"天性"，即合乎自然生长规律的、与生俱来的那种禀性，一棵树有一棵树的"天性"，一匹马有一匹马的"天性"，我们能做的便是正视其"天性"，呵护其"天性"，而不是随意地遮蔽它、改变它、扭曲它，甚至戕害它。"牛马四足，是谓天；落马首，穿牛鼻，是谓人。故曰：'无以人灭天，无以故灭命，无以得殉名。谨守而勿失，是谓反其真。'"意思是说，像牛马一类的动物生来就四只脚，这就叫天然；现在你用马络套住马头，用牛鼻缩穿过牛鼻，这就叫人为。所以说，不要用人为去毁灭天然，不要用有意的作为去毁灭自然的禀性，不要为获取虚名而不遗余力。只有恪守自然的禀性而不丧失，

这才叫返归本真。"马，蹄可以践霜雪，毛可以御风寒。龁草饮水，翘足而陆，此马之真性也。"但现在出来个伯乐，声称擅长治马，好端端的马交到他手上，"烧之剔之，刻之雒之。连之以羁馽，编之以皂栈，马之死者十二三矣！饥之渴之，驰之骤之，整之齐之，前有橛饰之患，而后有鞭筴之威，而马之死者已过半矣！"这似乎是逆天性而为的必然结果。

三是将超然于物外的精神自由视为生命的最理想境界。经常挂在现代人嘴边的一句流行语是，生活不只是眼前的苟且，还有诗和远方。庄子一方面拒绝"苟且"地活着，另一方面更渴求那种令自己心灵轻松而又舒展地徜徉于宇宙天地之间的逍遥人生。不为柴米油盐所困，不为富贵功名所累，无所依赖，放飞自己的心灵，任自由自在的心灵去远行，在庄子看来，这才是敬重生命最完美的体现。

儒家思想也倡导敬重生命。《论语》中经常被我们引述的有这样两段，一是"子钓而不纲，弋不射宿"。说的是孔子只钓鱼，而不用大网捕鱼；孔子射鸟，而不射那些已经栖息在巢中的鸟。二是"厩焚，子退朝，曰：'伤人乎？'不问马"，

自己家的马厩失火被烧了，孔子从外面回来得知这一情况，脱口而出的便是"伤人乎"。水里游的鱼，天上飞的鸟，毕竟是一般的生物，人们捕之、射之，以做口腹之资，本身无可厚非。但如果你用织就的大网来捕鱼，鱼不论大小，一网打尽，甚至竭泽而渔，如果你射鸟，连已经栖息在巢里，或正在哺育幼鸟的母鸟也不放过，要赶尽杀绝，那就显得残忍而没有底线了。而这样的残忍或者没有底线，往往会像瘟疫一般在人类生活中弥漫开来，最终也必将危及人类自身。诚然，同为生命，当人与其他生物放在一起需要我们权衡时，孔子毫不犹疑地选择了人。脱口而出的"伤人乎"是一种态度；此时此刻"不问马"也是一种态度。

《论语》中的上述两段文字仅仅是在如何看待生命、对待生命问题上做了较直接的表述，其实，儒家思想对生命的敬重更多地体现在其推崇人生在世要活出生命的尊严上。孔子有云："笃信好学，守死善道。危邦不入，乱邦不居。天下有道则见，无道则隐。邦有道，贫且贱焉，耻也；邦无道，富且贵焉，耻也。"人之所以为万物之灵长，是因为人有信念、有操守，知道什么必须要去做，知道什么坚决不能碰。天下太平，国家有道，你退缩一旁，不能为这个社会尽一份心，出一份力，贡献你的聪明才智，依然贫贱如斯，你应该感到耻辱；而在昏天黑地的世道中，你却混得大红大紫、大富大贵，你也应该感到耻辱。孟子的说法更是直截了当，"鱼，我所欲也；熊掌，亦我所欲也。二者不可得兼，舍鱼而取熊掌者也。生，亦我所欲也；义，亦我所欲也。二者不可得兼，舍生而取义者也。"在"鱼"和"熊掌"之间做选择，往往各凭喜好；但在"生"与"义"之间做选择，舍生取义，不能含糊，因为这关乎生命的尊严。"宁为玉碎，不为瓦全"，这是对生命最好的礼赞。

佛教同样也倡导敬重生命。民间最直接的表达便是"救人一命，胜造七级浮屠"，此语出自冯梦龙所撰小说《醒世恒言》第十卷："官人差矣！不忍之心，人皆有之。救人一命，胜造七级浮屠。若说报答，就是为利了，岂是老汉的本念！"人们为求福报，造寺庙，立金身，建佛塔，还不如在现实生活中救人生命，此举更彰显功德。

《老子骑牛图》 ［宋］晁补之

二、呵护环境

所有的生命都依赖特定的环境而生存，敬重生命，必然要求我们呵护好环境。

道家强调天地万物是一个整体，"万物负阴而抱阳，冲气以为和"，万物均因阴阳二气激荡而成和谐的状态。作为生于天地之间的人，应该"人法地，地法天，天法道，道法自然"，即无条件地遵循自然运行的法则去行事，以求人与自然的和谐，即天人合一的境界。

无论是老子，还是庄子，都强调人在面对自然、面对生活时的"无为"。"无为"不是"不为"，即什么都不去做，而是要合规律而为，合天性而为。也就是我们要去做，但我们所做的一切一定要合乎自然运行的法则，合乎自然演化的规律，尊重万物与生俱来的禀性。换言之，一切无视自然运行的法则，违背客观规律，不惜损害万物天性的所作所为，那是"妄为"，注定是灾难连连。

由老庄之说衍生、发展而来的道教，同样继承了此思想。

例如，成书于东汉中期的《太平经》认为，人在自然法则面前，"顺之则吉昌，逆之则危亡"。"天者养人命，地者养人形"，天地犹如人的父母，人要善待自然，如同善待父母一般。"慎无烧山破石，延及草木，折华伤枝，实于市里，金刃加之，茎根俱尽。其母则怒，上白于父，不惜人年。人亦须草自给，但取枯落不滋者，是为顺常。天地生长，如人欲活，何为自恣，延及后生。有知之人，可无犯禁。"意思是人的生存有赖于草木，应对其加以谨慎保护，即使人需要草木之类以做燃料之用，也最好是"取枯落不滋者"，这才符合自然之道，否则生存环境遭到破坏，势必会殃及后人。

作为早期道教戒律之一的《老君说一百八十戒》，涉及保护动物、植物之类的戒条有二十三条之多，诸如不得杀伤一切物命；不得以毒药投渊池江海中；不得以足踏六畜；不得竭水泽；不得渔猎，伤煞众生；不得冬天发掘地中蛰藏虫物；不得妄上树探巢破卵；不得惊鸟兽；不得笼罩鸟兽；若人为己杀鸟兽鱼等皆不得食；不得烧野田山林；不得妄伐树木；不得妄摘草花；不得妄凿地，毁山川；不得妄轻入江河中浴；不得在平地燃火；等等。

儒家思想的奠基人孔子，曾针对大自然默默无语地奉献着一切，由衷地感慨说："天何言哉？四时行焉，百物生焉，天何言哉？"天地自然间，春夏秋冬有序运行，万物在其中生生不息，它何曾张扬？何曾自夸？何曾邀功？它总是默默地做着这一切，不曾告诉我们什么。面对天地自然，人能够做的，似乎也只有敬畏与感恩了。

儒家崇礼，《史记礼书》有云："天地者，生之本也；先祖者，类之本也；君师者，治之本也。无天地恶生？无先祖恶出？无君师恶治？三者偏亡，则无安人。故礼，上事天，下事地，尊先祖而隆君师，是礼之三本也。"将"上事天，下事地"作为礼的首务，足见其对天地自然的敬畏之心、感恩之念。

儒家对天地自然的这种敬畏之心、感恩之念，某种程度上也可理解为对环境的保护意识，强调人要尊重自然万物的生长规律，有节制地使用自然资源，以免给环境造成破坏。《逸周书·大聚解》云："禹之禁，春三月，山林不登斧，以成草木之长；夏三月，川泽不入网罟，以成鱼鳖之长。"说的是在大禹时代，凡春季三个月，草木生长之际，不得拿着斧子上山砍伐；凡夏季三个月，正是鱼鳖产卵繁殖之时，不得拿着细细的渔网下水捕捞。《逸

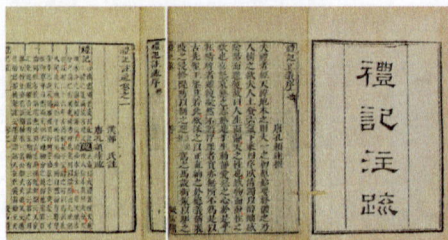
《礼记注疏》局部

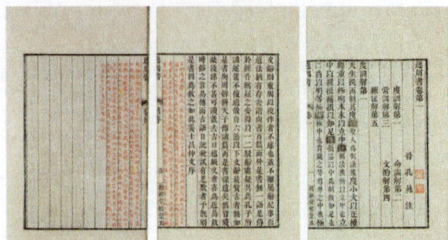
《逸周书》局部

周书·文传解》中，周文王临终嘱咐周武王姬发，也有这么类似的一段："山林非时，不升斤斧，以成草木之长；川泽非时，不入网罟，以成鱼鳖之长。不麛不卵，以成鸟兽之长。"这种思想被先秦古人编入政令性的文本《月令》中，汉初学者又将《月令》收入《礼记》一书，遂成儒家的一种思想。

孟子在跟梁惠王讨论如何成就王道时，也曾引入上述这一思想："不违农时，谷不可胜食也；数罟不入洿池，鱼鳖不可胜食也；斧斤以时入山林，材木不可胜用也。谷与鱼鳖不可胜食，材木不可胜用，是使民养生丧死无憾也。养生丧死无憾，王道之始也。"意思是说，该播种时播种，该收割时收割，老百姓不违农时从事农业生产，自然粮食就多得吃不完了；不用密密麻麻的渔网下池塘，小鱼小鳖才有生长的机会，自然鱼鳖多到吃不完了；按照树木生长的规律，适时去山上砍伐

树木，自然木材多得用不完了。粮食和鱼鳖吃不完，木材也用不完，这样的生活让老百姓对供养活人、安葬死人也就没有什么遗憾了。而一旦老百姓对供养活人、安葬死人不留什么遗憾，这正是王道的基础。

呵护环境，呵护的是生命的摇篮。人与自然的和谐共处，为的是确保人类的可持续发展。这样的理念单靠说教是不行的，中国古人早已将其拟成法律条文加以实施。

1975年12月，在湖北省云梦县城关睡虎地11号秦墓中出土了一批秦简，其中一部分竹简上记录的是秦国的法律，后整理出《秦律十八种》。其中《田律》因写入大量的"环保条款"，常被视为中国最早的"环保法"。如"春二月，毋敢伐材木山林及雍堤水。不夏月，毋敢夜草为灰、取生荔……到七月而纵之"，意思是春天二月，不得上山砍伐木材，不得人为堵塞河道。不到夏季，不得在夜间焚烧草木以

做肥料，不得采摘刚刚发芽的植物……到七月才解除禁令。

诸如此类的条款在后世历朝的律法中也常能见到，如《唐律疏议·杂律》云："诸不修堤防及修而失时者，主司杖七十。""诸盗决堤防者，杖一百；谓盗水以供私用。若为官检校，虽供官用，亦是。""其故决堤防者，徒三年。""诸于山陵兆域内失火者，徒二年；延烧林木者，流二千里。""诸失火及非时烧田野者，笞五十。（非时，谓二月一日以后、十月三十日以前。若乡土异宜者，依乡法。）""诸弃毁官私器物及毁伐树木、稼穑者，准盗论。"

三、节制欲望

人生于天地间，为了生存，也为了发展，免不了会有许许多多的欲望。而一旦欲望膨胀、泛滥开来，失控了，厄运、灾难也便纷至沓来。

老子就此有这样的表述："吾所以有大患者，为吾有身；及吾无身，吾有何患？"意思是我之所以常常遭遇厄运、灾难，是因为我有这具臭皮囊，我这具肉身行走在世上，衣食住行，吃喝拉撒，总是会生出各种各样的欲望，为了存养性命，不得不有饥食渴饮的需要，亦难免有防寒避暑之劳、生老病死之苦、吉凶祸福之遇、追名逐利之累。如果等到我没了这凡躯肉身，化为尘，化为土了，也便永远离了烦恼、痛苦，永远离了厄运、灾难了。

在老子看来，人有一些基本的欲望，本是正常的事。但个人的欲望常常会不自觉地膨胀起来，泛滥开来，一旦失控，不仅会伤及自身，也会危害社会。"五色令人目盲，五音令人耳聋，五味令人口爽，驰骋畋猎令人心发狂，难得之货令人行妨。"大千世界，五光十色，有人贪恋这份光怪陆离，沉溺于其中，临到最后眼花缭乱，他日遇到某单一的颜色，直呼不过瘾，不自在了，甚至视而不见；五音同奏，热闹非凡，有人贪恋这份所谓的丰富，沉溺其中，临到最后耳朵不好使了，遇上单一的声响，不习惯，索然无趣了，虽有耳听，亦如无听；同样的，有人贪恋饮食滋味，整日里金浆玉醴、山珍海味，临到最后，口之正味必失；骑上高头大马驰骋打猎，左射一只兔，右杀一头鹿，紧张、刺激而又血腥，长此以往，心也便狂野、狂躁起来；金银财宝一类的难得之货、稀有之物，让那些贪财之人，昼不能息，夜不能寝，时刻惦记，一心想着要占为己有，自然便会有杀人越货之勾当。如此这般，风气就坏了，社会也就乱了。

正是基于这样的认识，老子得出这样的结论："罪莫大于可欲，祸莫大于不知足，咎莫大于欲得。"人世间的罪恶莫大于能勾起我们欲望的种种诱惑，灾祸莫大于我们的心永不满足，而过失、过错莫大于心里放不下身外之物，总是时时惦记、刻刻算计。

怎么办？老子给我们开出了药方，一是"寡欲"，二是"无欲"。所谓"寡欲"，就是尽量让自己的欲望少一点、小一点，"寡"字在这里做动词用，也可理解为尽量减少、减小自己的欲望，善于去节制、控制自己的欲望；所谓"无欲"，不是什么欲望都没有，而是不要有不断膨胀的私欲，不要有不切实际的妄念，不要存为达目的不择手段的邪念、恶念。有人或许会心存疑惑，人知足了，没什么欲望了，动力也就没了，这社会还能不能发展、进步？事实上，老子倡导"寡欲""无欲"，但他并不排斥去帮助他人纾难解困的"善念"，也并不排斥他一心渴求实现的"小国寡民"里那种安居乐业的"正念"。有人或许还是茫然无措，一个人身处这纷繁复杂的世界，周遭有数不胜数的诱惑，如何做到"寡欲"？又如何成就"无欲"？其实答案就在这《道德经》五千言中。譬如，有人希望自己美一些，老子告诉你："天下皆知美之为美，斯恶已。""美"与"丑"都是相对的概念，人们一旦有了"美"的概念，"美"有了"美"的一个标准，全社会便纷纷效仿、标榜，难免会矫揉造作，故作姿态，"美"也就走向了"丑"，"东施效颦"就是例子。有人希望自己"寿"长一点，活得久一点，老子告诉你："死而不亡者寿。"生年不满百，那是常态，也是客观规律，木有荣枯，人有生死，谁都无法回避，然而，一个人虽然离了人世，但他的精神、他的智慧、他的人格被世人记取、传承，这样的人生才是真正长寿的人生。有人希望自己"强"一点，老子告诉你："人之生也柔弱，其死也坚强。万物草木之生也柔脆，其死也枯槁。故坚强者死之徒，柔弱者生之徒。是以兵强则不胜，木强则共，强大处下，柔弱处上。"意思是人活着的时候形态柔软，死后就会变得僵硬。植物生机旺盛时表现得很柔韧，生命停止就干硬了。

《庄周梦蝶图》

所以说凡是坚硬强大的东西往往都是趋向死亡的一类，反之柔软弱小的才富于生命力。也正因为如此，用兵过分逞强就会招致灭亡，树木过于坚实就会被毁折。所以坚硬与柔弱相比较，坚硬最终总是屈服于柔弱。有人说："树活一张皮，人活一口气。"人生在世，总是要有所争的。老子告诉你："夫唯不争，故天下莫能与之争。"天行有常，不为桀存，不为舜亡。天行之道，即是自然。该是你的，终归是你的；不该是你的，即使争得来，也终究不是你的。一个人面对可能争得来的种种所谓的"好处"，不贪不恋，唯此"不争"的强大内心，自然也就"莫能与之争"了。

庄子同样倡导"无欲"。在他看来，人的社会活动使得人处在欲望的深渊之中，给人套上了一层层的枷锁，把人变成了非人。"自三代以下者，天下莫不以物易其性矣。小人则以身殉利，士则以身殉名，大夫则以身殉家，圣人则以身殉天下。故此数子者，事业不同，名声异号，其于伤性以身为殉，一也。""物"也罢，"利"也罢，"名"也罢，"家"也罢，"天下"也罢，无非是一个个的标签，说白了也都是身外之物，人们受物欲的引诱、蛊惑而去追求，再由追求而纷纷遭受物役，渐渐地丢失了本性、扭曲了天性而不自觉，在庄子看来，这才是人生的悲剧。一个人精神上能自由地翱翔，"逍遥于天地之间而心意自得"，"无欲"当是基础。

17

针对身外之物的态度，孔子也曾有这样的表述："君子有三戒：少之时，血气未定，戒之在色；及其壮也，血气方刚，戒之在斗；及其老也，血气既衰，戒之在得。"在孔子看来，人是有弱点的，常常会受先天血气驱动而影响自己的行为，自制力差的人更是如此。人在年少的时候，血气尚未定型，爱冲动，求刺激，喜欢心血来潮，常常受一些表面光鲜亮丽的东西诱惑，这里的"色"似乎原本指的是脸色、神色，《论语》里有"贤贤易色""巧言令色""色思温"等表述，均是这个意思，"色"是浮现在脸上的神情，后来或许引申为表面的东西；人到了壮年，血气充沛、澎湃、刚烈，似乎能关注到一切，也渴望去拥有一切，所以常常好"斗"，或蝇营狗苟地争名逐利，或煞有介事地沽名钓誉；到了年老的时候，血气慢慢地衰竭，凡事心有余而力不足，便想攥住已有的一切，死活不肯撒手。从"戒色""戒斗""戒得"的论述中，我们不难看出孔子同样是希望我们看淡欲望的。孔子同时告诫说，我们要远离"骄乐""佚游"和"宴乐"，即自恃尊贵而恣肆妄为、出入不知节制、沉溺于宴席之间奢靡无度。他特别赞赏像颜回的那种生活态度，"一箪食，一瓢饮，在陋巷，人不堪其忧，回也不改其乐。"饮食如此随意，居住如此简陋，一般人落得这般境地，早已愁眉不展、怨声连连了，但颜回却能坦然处之，因为他心里装着"道"。

孟子有"养心说"，在他看来，"养心莫善于寡欲。其为人也寡欲，虽有不存焉者，寡矣；其为人也多欲，虽有存焉者，寡矣"。意思是说，一个人若要养心，莫过于少一点欲望，如果他的欲望少一点，即使他内心的那份善性有所丧失也不会很多；如果一个人的欲望很多，即使内心的善性有所存，也是少得可怜的。

鉴于先秦时期生产力低下，社会财富有限，为确保天下老百姓衣食无忧的基本生活，墨子同样倡导节制欲望，提出了节用、节葬、非乐等主张。在墨子看来，一个国家强大的标准有三条，即天下富、人民众、百姓治。而强国的根本举措并不是在外部通过兼并战争去夺取他人之利，而是由内部通过节用，去其无用之费。"去无用之费，圣王之道，天下之大利也。"在这一点上，统治者更要率先垂范。如果统治者骄奢淫逸、奢华无度，自然上行而下效，恶化社会风气，也势必会"厚作敛于百姓，暴夺民衣食之财"，进一步加重老百姓负担，其结果一定是"富贵者奢侈，孤寡者冻馁"。

佛教更是主张"清心寡欲"的。在佛教看来，人有"六识之心"，所谓"六识"，即眼识、耳识、鼻识、舌识、意识和身识，人体的各种感官器官能敏锐地捕捉到外部世界的各种信息，共同作用于我们这颗"心"，形成种种的诱惑，也自然会激起我们的种种欲望。"一念之间，便有八万四千烦恼。"一个人总希望自己的欲望能得到满足，但你有你的欲望，他人也有他人的欲望；你的欲望想要满足，他人的欲望也想要满足，但社会的资源是有限的，所以彼此间的争斗也就难免。而一旦你的欲望得不到满足，或者不能完全得到满足，痛苦也就如影相随。一个人只有尽可能地少一些欲望，才可以做到清心、静心、安心、定心，才可以去享受那份大自在。

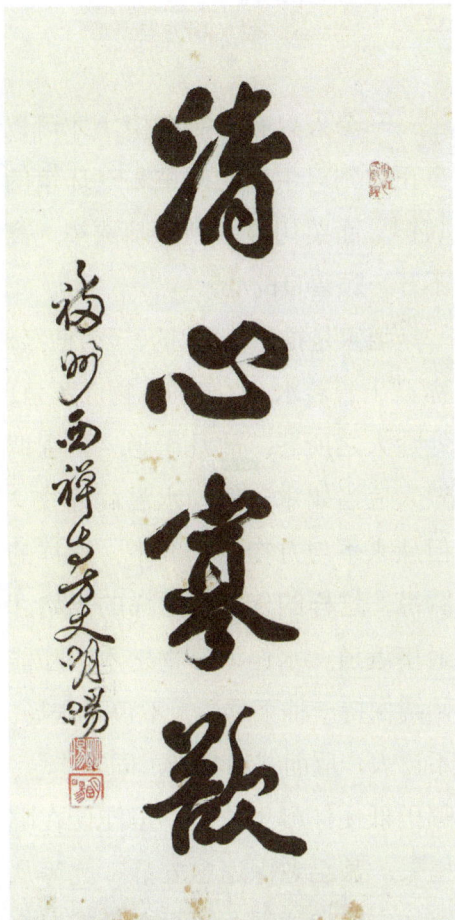

《清心寡欲》　明旸法师

四、善良为本

一个人只有节制欲望，才可以真正做到对生命的敬重和对环境的呵护。而要切实做到节制欲望，离不开一颗善良的心。

道家是推崇"善"的。《道德经》称："上善若水。水善利万物而不争。处众人之所恶，故几于道。"强调做人应当如水一般，水滋润万物，但从来不与万物争个高下，这样的胸襟、这样的气度、这样的品格才最接近道。水作为万物之本，却能始终保持一种平常心，不仅不张扬、不自大，反而"和其光，同其尘"，哪里低便往哪里流，哪里洼便在哪里聚，甚至愈深邃愈安静。此等从容、宁静和达观，是很多人难以企及的。水的凝聚力极强，一旦与他物融为一体，就荣辱与共，生死相依，朝着共同的方向义无反顾地前行。它通达而普济天下，默默奉献而不图回报。它养山山青，哺花花俏，育禾禾壮。它与土地结合便是土地的一部分，与生命结合便是生命的一部分，但从不彰显自己、夸耀自己。它不拘束、不呆板、不僵化、不偏执，时而细腻，时而粗犷，时而妩媚，时而奔放。它因时而变，或为雨，或为雪，或为雾，或为霜，化而为气，凝而成冰。它因势而变，舒缓为溪，轻歌曼舞；陡峭为瀑，激越奔腾；深聚为渊，韬光养晦；广纳为海，进退有信，气度非凡。它因器而变，遇圆则圆，逢方则方，直如墨线，曲似盘龙，然又能做到器歪己不歪，物斜己不斜。它因机而动，因动而活，因活而进，故有无限生机。一个人如果能修得透明如水，心静如水，不汲汲于富贵，不戚戚于贫贱，无欲无求，堂堂正正，那便是人世间至高无上的"善"。

庄子很少正面去论及"善"，但我们从他那疾恶如仇的言辞中，不难体察到他的那颗原本向善的心。在《天地》一篇中，谈及远古那个纯粹的时代，如同野鹿在山野上奔跑的民众，他们"端正而不知以为义，相爱而不知以为仁，实而不知以为忠，当而不知以为信，蠢动而相使不以为赐"，意思是行为端正而不知道这是"义"，彼此间相爱而不知道这是"仁"，诚实不欺而不知道这是"忠"，言行得当而不知道这是"信"，几乎出于本能地帮助他人、接济他人而不知道这是"赐"。人们的所作所为，皆发乎本心，而不是缘于社会上已经标签化的诸如"义""仁""忠""信""赐"等的概念。在庄子看来，这种发乎本心、自然而然的行为，才是真正的善。

孔子一生，积极倡导为人善良，这个善良便是"仁"。翻开《论语》，谈及"仁"的语录不下百次。什么是"仁"？"仁者爱人。"爱自己的父母，爱自己的兄弟姊妹往往是很容易做到的，但这还远远不够，你要"推己及人"，进而去爱别人的父母，爱别人的兄弟姊妹，进而爱全天下的人，这叫"博施于民而能济众"，这叫"泛爱众"。

孟子更是将"善"置于理论的高度加以阐释，《孟子·告子上》有云："恻隐之心，人皆有之；羞恶之心，人皆有之；恭敬之心，人皆有之；是非之心，人皆有之。恻隐之心，仁也；羞恶之心，义也；恭敬之心，礼也；是非之心，智也。仁义礼智，非由外铄我也，我固有之也。"恻隐之心，在孟子那里，也叫作"不忍人之心"，即不忍心见到他人涉险、受苦、蒙难，这样的心是人与生俱来的，也是人区别于动物的根本所在。人们见到一个孩子在水井边玩耍，总是会情不自禁地揪心、惶恐，担心孩子一不小心掉入水井，这种内心深处天生的柔软，便是善良。

荀子认为人的本性是恶的，人类生来就有欲求，有欲求就会争夺，有争夺就有动乱。这样，就需要"明礼义以化之，起法正以治之，重刑罚以禁之，使天下皆出于治，合于善也"。即要用礼仪规范、仁义之道对老百姓施以教化，制定出合乎正义的法律加以治理，严明法纪，明确什么可以做，什么不能做，以一切努力促使天下太平，让民心重新回到"善"的轨道。

佛教同样看重"善良"，强调人们在世间要行善积德，告诫人们"诸恶莫作，诸善奉行""善有善报，恶有恶报"。佛经中有"十善"，即不杀生、不偷盗、不邪淫、不妄语、不离间语、不恶口、不绮语、不贪欲、不嗔恚、不邪见，被视为世间善行的总称，是佛教教化的根本内容。更难能可贵的是，佛教倡导已经大彻大悟的智者、觉者，要怀"无缘大慈、同体大悲"之心，度众生皆出离苦海。何谓"无缘大慈"？眼见众生迷而不觉，沉沦受苦，而生绝对平等的慈悲心，不论有缘与否，都给予平等救度。一般做父母的，往往只关心、疼爱自己的孩子，这个叫"有缘小慈"，现在有人因关心、疼爱自己的孩子，推而广之，去关心、疼爱一切孩子，乃至一切人，乃至宇宙间一切生命，没有任何条件，不讲任何关系，这个就叫"无缘大慈"。何谓"同体大悲"？一般人只爱惜自己的身体，很少或根本不在乎别人的身体，更无视动物的身体，常常随便宰割吃食，这个叫"个体小悲"。而有人爱惜自己的身体进而爱惜别人的身体，乃至一切生命的身体，这叫作"同体大悲"。此等大慈大悲之心，善良之至。

第三章

励志

LIZHI

一、什么是志向

"志向"一词，在古时候常常写作"志"。东汉许慎《说文解字》一书解释说："志，意也。"也就是心之所向的意思，所以现代汉语里"志""向"连用，成"志向"一词。通俗一点说，所谓志向，便是你期望怎么个活法。每个人有每个人的想法，对待生活各有各的期待，所以我们也常常说"人各有志"。

当年孔子跟学生们在一起的时候，孔子常常会让他的学生谈谈各自的志向。《公冶长》一篇云："颜渊、季路侍。子曰：'盍各言尔志？'子路曰：'愿车马，衣轻裘，与朋友共。敝之而无憾。'颜渊曰：'愿无伐善，无施劳。'子路曰：'愿闻子之志。'子曰：'老者安之，朋友信之，少者怀之。'"

一天颜回和子路陪坐在孔子身边。孔子就说了："你们何不谈谈各自的志向？"子路是个急性子，快人快语道："我愿意将我的车马、衣裘拿出来跟朋友们一起分享。即使有朝一日用坏了，也不会有什么遗憾。"颜回答道："我希望忘了自己的善行善举，永远不要去麻烦别人。"子路希望听听老师的志向。

孔子说："我的志向便是让年老者安心、安身；用诚信对待每一个朋友；让年少者都能怀一颗感念之心追随于我。"

《先进》一篇记录了子路、曾晢、冉有、公西华陪坐时类似的一番各抒己志。

志向，常常是一个变数。或因社会环境而变，或因家庭背景而变，或因所接受的教育而变，甚至会因结交的某个朋友而变。换言之，一个人的志向，往往就是一个人的选择。

人生天地间，一个人来到这世上，总免不了要面对各种各样的选择，尤其是人生道路的选择。

中国古代有"杨朱哭歧路"的典故，西方现代有海德格尔"林中路"的思索。人生道路的选择，很大程度上取决于人的价值观，或者叫人的信仰。你相信什么，在意什么，看重什么，往往决定着你会去追求什么，践行什么，而这也决定了你最终成就什么样的人生。

人一旦面临选择，就意味着要有所取舍，同时也意味着难免会患得患失，这是人回避不了的一种困扰。

"志"一字，分拆开来，便是"士之心"。我们不妨来看看中国"士人"面临人生命运选择时的一个普遍困扰。

"士人"一词，有点类似于西方所称的"知识分子"。余英时《士与中国文化》一书称："如果从孔子算起，中国'士'的传统至少已延续了两千五百年，而且流风余韵至今未绝。这是世界文化史上独一无二的现象。""孔子所最先揭示的'士志于道'便已规定了'士'是基本价值的维护者；曾参发挥师教，说得更为明白：'士不可以不弘毅，任重而道远。仁以为己任，不亦重乎？死而后已，不亦远乎？'这一原始教义对后世的'士'产生了深远的影响，而且愈是在'天下无道'的时代也愈显出它的力量。所以汉末党锢领袖如李膺，史言其'高自标持，欲以天下风教是非为己任'，又如陈蕃、范滂则皆'有澄清天下之志'。北宋承五代之浇漓，范仲淹起而提倡'士'当'先天下之忧而忧，后天下之乐而乐'，终于激动了一代读书人的理想和豪情。晚明东林人物的'事事关心'一直到最近还能振动现代中国知识分子的心弦。"

在中国古代的诸多典籍之中，

《问礼老聃图》 选自《孔子圣迹图》

"士人"经常被描述成这样一个群体，他们有担当，讲气节，重践行。然而，他们的人生之路也常常风波四起，泥泞坎坷，往往要面对"出"或"处"，"默"或"语"的抉择。《周易》有云："君子之道，或出或处，或默或语。""君子"行于世，在人生重大的考验面前，或选择出仕任职，或选择隐退居家；或选择闭口不言，或选择开口发声。诚然，这样的选择往往伴随着纠结和苦痛。尤其是那种违背自己信仰、有悖于自己良知的选择，那更是一场人生的灾难了。

翻开中国历史，"或出或处"的故事可谓比比皆是，不胜枚举，这里姑且罗列几例，便于我们对这个困扰中国"士人"的千年难题有一个感性认识。

楚威王闻庄周贤，使使厚币迎之，许以为相。庄周笑谓楚使者曰："千金，重利；卿相，尊位也。子独不见郊祭之牺牲乎？养食之数岁，衣以文绣，以入大庙。当是之时，虽欲为孤豚，岂可得乎？子亟去，无污我。我宁游戏污渎之中自快，无为有国者所羁，终身不仕，以快吾志焉。"

这是《史记·老子韩非列传》记载的有关庄周的故事。楚威王听说庄周贤能，便派遣使臣带着丰厚的礼物前去聘请他，许他相位。庄周笑着对楚国使臣说："千金，确是厚礼；卿相，确是尊贵的高位。你难道没见过祭祀天地时用的牛吗？喂养它好几年，给它披上带有花纹的绸缎，把它牵进太庙去当祭品，在这个时候，它即使想做一头小猪，难道能办到吗？你赶快给我走，不要玷污了我。我宁愿在小水沟里身心愉快地游戏，也不愿被国君束缚。终身不做官，这才是我快乐的人生志向。"面对"重利""尊位"，世间不知有多少人趋之若鹜，但是庄周却弃之如敝屣，他所做出的选择，让我们明白了"拒绝"有时也是人生的一种积极姿态。

> 屈原至于江滨，被发行吟泽畔。颜色憔悴，形容枯槁。渔父见而问之曰："子非三闾大夫欤？何故而至此？"屈原曰："举世皆浊而我独清，众人皆醉而我独醒，是以见放。"渔父曰："夫圣人者，不凝滞于物，而能与世推移。举世皆浊，何不随其流而扬其波？众人皆醉，何不哺其糟而啜其醨？何故怀瑾握瑜，而自令见放为？"屈原曰："吾闻之，新沐者必弹冠，新浴者必振衣，人又谁能以身之察察，受物之汶汶者乎！宁赴常流而葬乎江鱼腹中耳，又安能以皓皓之白，而蒙世俗之温蠖乎！"乃作《怀沙》之赋。于是怀石，遂自投汨罗以死。

这是《史记·屈原贾生列传》中记载的有关屈原的故事。屈原来到江边，披散着头发，一面行走一面吟唱，脸色憔悴，身体干瘦。有个渔父看到了他，便问他："您不是三闾大夫吗？为什么落得这般模样？"屈原说："整个社会都污浊不堪，只有我一人洁净；众人都沉醉昏昏，只有我一人清醒，因此才被放逐。"渔父说："通达事理的人对客观时势不必拘泥执着，要能随世而圆转。既然整个社会浑浊不堪，你为什么不顺应潮流去推波助澜呢？既然众人都沉醉昏昏，你为什么不一起吃点酒糟、饮点薄酒呢？为什么非要特意保持美玉一样高洁的品德而让自己被放逐呢？"屈原说："我听说刚洗完头发的人一定会弹去帽子上的灰土，刚洗过澡的人一定会掸掉衣上的尘埃。作为一个人，又有谁愿意让自己的洁白之身受脏物的污染呢？我宁可跳进江水，葬身在鱼腹之中，又怎能让高洁的品德去蒙受浊世的污垢呢？"紧跟着他就作了《怀沙》一赋，最后怀抱着石头，跳进汨罗江自杀了。屈原宁肯"自令见放"，也不愿与众人同醉，他是有信仰的。然而眼见自己的这种信仰让自己坠入虚妄的深渊时，屈原意识到自己走投无路了。面对走投无路的人生窘况，有人另择他途，有人坐看云起，屈原选择的是纵身一跃。与其说屈原怀石投江是一种解脱，不如说更是一种拒绝虚妄的宣誓。

李斯者，楚上蔡人也。年少时，为郡小吏，见吏舍厕中鼠食不洁，近人犬，数惊恐之。斯入仓，观仓中鼠，食积粟，居大庑之下，不见人犬之忧。于是李斯乃叹曰："人之贤不肖譬如鼠矣，在所自处耳！"……二世二年七月，具斯五刑，论腰斩咸阳市。

斯出狱，与其中子俱执，顾谓其中子曰："吾欲与若复牵黄犬俱出上蔡东门逐狡兔，岂可得乎？"遂父子相哭，而夷三族。

这是《史记·李斯列传》中记载的有关李斯的两段故事。前一段故事说的是李斯有一次在厕所见到老鼠吃人粪，一见到人和狗，老鼠就被吓跑了。后来，他在仓库里看到老鼠很自在地偷吃粮食，也没有人去管。厕鼠之战战兢兢，仓鼠之落落大方，环境不同，格局迥异。仅凭这样一个细节，让有着特殊权癖的李斯悟到人生的一个大道理。于是，富贵功名就成了李斯的终生选择，他执着于权力，最终也死于权力。后一段说的是李斯临死前跟儿子的聊天："我想和你再一次牵着大黄狗出上蔡的东门猎逐野兔，还有机会吗？"近乎黑色幽默般的对生命的调侃。似乎也就在那个瞬间，他意识到人生其实还有另外一种选择。

二、为什么要"励志"

"励志"一词，最早见于东汉年间班固所作《白虎通》，在《谏诤》一文中有"励志忘生"，意为勉励心志。此词在后世不断的使用过程中，逐渐有了两层含义：一是磨砺意志，使其不畏艰难；二是稳固志向，令其永葆初心。

我们之所以要"励志"，是因为人的意志常常会动摇，人的志向也常常会改变。

先看看陶渊明的经历。

陶渊明一生曾多次出入官场，最后一次离开是在晋安帝义熙元年（405）。

他在《归去来兮辞》序中这样表白道："余家贫，耕植不足以自给。幼稚盈室，瓶无储粟，生生所资，未见其术。亲故多劝余为长吏，脱然有怀，求之靡途。会有四方之事，诸侯以惠爱为德，家叔以余贫苦，遂见用于小邑。于时风波未静，心惮远役，彭泽去家百里，公田之利，足以为酒。故便求之。及少日，眷然有归欤之情。何则？质性自然，非矫厉所得。饥冻虽切，违己交病。尝从人事，皆口腹自役。于是怅然

慷慨，深愧平生之志。犹望一稔，当敛裳宵逝。寻程氏妹丧于武昌，情在骏奔，自免去职。"

意思是说，我家贫穷，种田不能够自给。孩子很多，米缸里没有存粮，维持生活所需的一切，根本没有办法解决。亲友大都劝我去做官，我心里也有这个念头，可是求官缺少门路。正赶上有奉命巡察的使者四处纳贤，地方大吏又以爱惜人才为美德热衷举荐，叔父也因为我家境贫苦，替我周旋，我就被委

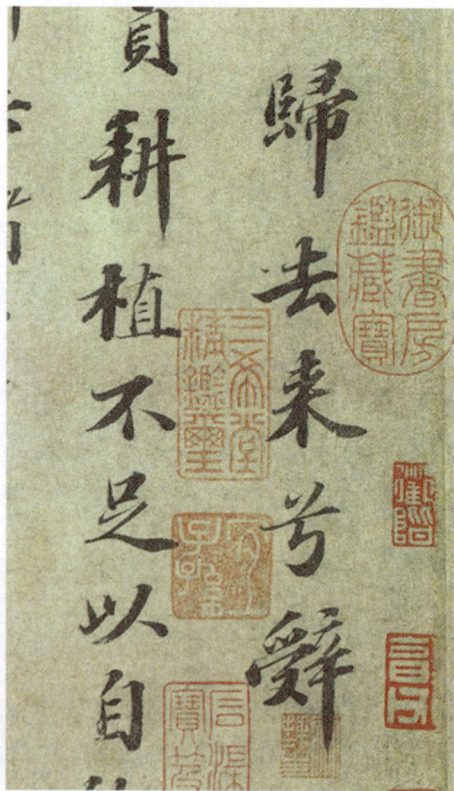

《归去来兮辞》

28

任到小县做官。那时社会上动荡不安，心里惧怕到远地当官。彭泽县离家一百里，公田收获的粮食，也足够造酒饮用，所以就请求去那里。一段时间过后，不禁产生了留恋故园的怀乡感情。那是为什么？本性任其自然，这是勉强不得的；饥寒虽然来得急迫，但是违背本意去做官，身也疲惫心也苦痛。想想自己过去为官做事，原来都是为了填饱肚子。于是惆怅感慨，深深有愧于平生的志愿。本来还想再等上一年，就收拾行装挂冠而去。没想到不久前嫁到程家的妹妹在武昌去世，前去奔丧的心情像骏马奔驰一样急迫，便干脆自己请求免去了官职。

从上文看，因生计所迫，加上身边亲朋故友的"怂恿"，刚好又遇上家叔力所能及的帮忙，陶渊明硬着头皮出任了彭泽县令，全家老少饭是可以吃饱了，自己喝点小酒也没了问题，但整天泡在乌烟瘴气的官场，又要与各色人等周旋，仅仅是为了谋取这点口腹之资，他深感自己的沉沦与堕落，"深愧平生之志"。他原本是一个有远大志向的热血男儿，"先师有遗训，忧道不忧贫"，到如今，想想自己只为"贫"纠结，而"道"已被自己抛到九霄云外，自然羞愧不已。

再来看看白居易的遭遇。

唐宪宗元和三年至五年（808—810），白居易授左拾遗、充翰林学士，踌躇满志，意气风发，怀有极高的参政热情，"有阙必规，有违必谏"。屡次上书，指陈时政，针砭时弊，倡言蠲租税、绝进奉、放宫女、抑宦官。与此同时，他还创作了《秦中吟》《新乐府》等大量讽谕诗，锋芒所向，"权豪贵近者相目而变色"。

当时，他的创作主张是"总而言之，为君、为臣、为民、为物、为事而作，不为文而作也"，发愿"但伤民病痛，不识时忌讳""唯歌生民病，愿得天子知"。《秦中吟》十首，"一吟悲一事"。其中《重赋》直斥统治者对老百姓的残酷剥夺，"夺我身上暖，买尔眼前恩"。《伤宅》揭露达官贵人为富不仁，"厨有臭败肉，库有贯朽钱"却"忍不救饥寒"。《新乐府》五十首，同样是一篇专咏一事，如《上阳白发人》，"愍怨旷也"；《红线毯》，"忧蚕桑之费也"；《秦吉了》，"哀冤民也";《卖炭翁》,"苦宫市也"。

　　然而,元和六年(811)四月到九年(814)冬,白居易因母丧回乡守制,随着生活环境的改变,白居易的政治热情也逐渐消退。元和十年(815),白居易回朝任左赞善大夫,因宰相武元衡被盗杀而第一个上书请急捕贼,结果被加上越职言事以及一些莫须有的罪名,贬为江州司马。人生如此这般的遭际,让白居易不得不重新审视险恶至极的政治斗争,决计从此急流勇退,明哲保身,避祸远害。所谓"不分物黑白,但与时沉浮""面上灭除忧喜色,胸中消尽是非心""宦途自此心长别,世事从今口不言"。白居易开始炼丹服药,诵经坐禅,其诗歌创作,虽标榜"闲适",但究其内容,大多不过是身边琐事的铺叙,衣食俸禄而已。唐文宗大和八年(834),白居易在《序洛诗》中这样说道:"自三年春至八年夏,在洛凡五周岁,作诗四百三十二首。除丧朋、哭子十数篇外,其他皆寄怀于酒,或取意于琴,闲适有余,酣乐不暇,苦词无一字,忧叹无一声,岂牵强所能致耶!"

　　有人根据中国古代众多士大夫文人的人生轨迹,概括成这样三句话,即儒而仕、道而隐、释而遁。说的是众多的士大夫文人年轻时候信奉儒家思想,怀揣着建功立业的梦想走上政治舞台,这叫"儒而仕"。没想到宦海风波频频,这官场不仅是名利场,也是角斗场,更是生死场,在经历了一番坎坷、挫折后,为求清净,为求自在,也有的为了保命,他们纷纷躲进山里,做起了隐士。自然,其中有些人吃不起这苦,舍不得这诱人的俸禄,身在朝堂,不问世事,不谴是非,美其名曰"大隐",或谋一闲官,既避免承担冗杂事务,又可以躲开朝堂纷争,更能在山水登临、杯酒声色、过往唱酬中充分享受生活的闲情逸致,美其名曰"中隐",这叫"道而隐"。有的干脆一跑跑进了山门,以青灯、木鱼为伴,焚香独坐,禅诵为事,其中同样也有受不了这份苦,忍不了这份寂寞的,便居家礼佛,美其名曰"居士",这叫"释而遁"。

第四章

睿智（上）

RUIZHI
(SHANG)

一、什么是睿智

"睿"者，许慎《说文解字》解释为"深明也；通也"。"睿"在古文里作"叡"，一个人目之所见，如临沟谷，广而深，通而畅，能容而明。

《尚书·洪范》一篇有"五事"之说："一曰貌，二曰言，三曰视，四曰听，五曰思。貌曰恭，言曰从，视曰明，听曰聪，思曰睿。"汉代孔安国释为"必通于微"，意思是一个人对事物或现象的思虑要放在刚刚萌生的、微小的地方，所谓知微见著，睹始知终，这才是"思曰睿"；唐代孔颖达释为"思通微，则事无不通，乃成圣也"。

"智"者，许慎《说文解字》的释义有些让人费解："识词也。从白，从亏，从知。"

但我们知道，"智"是"知"的后起字，先秦文献中，"知"常常也通假为"智"。

后世学人常常看着字形去会意，譬如，"知"是一个"矢"加上一个"口"，这叫"口述如矢"，一个人讲起话来快得像放箭，嗖嗖

31

嗖的，一句接一句，滔滔不绝，这样的口头表达能力需要有足够丰富的知识储备做支撑，这便是"知"，同时也需要具备敏捷的思维能力，这便是"智"；有人又说，"口述如矢"指的是一语中的（dì），你能一语中的，离不开你所拥有的知识，也离不开你所拥有的智慧。

"睿智"一词，最早见于《孔子家语》一书。"子曰：'聪明睿智，守之以愚；功被天下，守之以让；勇力振世，守之以怯；富有四海，守之以谦。此所谓损之又损之道也。'"意思是说，一个人耳聪目明、通达敏慧而能自安于愚，其劳苦功高，恩泽于天下而能谦让自持，其勇力足以撼动世界而能守之以怯懦，其拥有四海的财富而能谦逊自守，这就是所说的谦虚了再谦虚才能保持满而不覆的道理。这里的"睿智"，我们可以把它理解为通达、聪颖、敏慧。

几乎同样的话，在《荀子·宥坐》一篇中也有引述，只是荀子把"睿智"改作"圣知"。圣者，通也。"圣知"，亦作"圣智"，无所不通的意思。《墨子·尚同》一篇云："是故选择天下贤良圣知辩慧之人立以为天子，使从事乎一同天下之义。"所以，我们要选择天底下贤良、圣知、辩慧的人，让他出来担当天子，去实现天下一统的大业。

编撰于西汉初年的《韩诗外传》，也化用了当年孔子的话："聪明睿智，而守之以愚者哲。""哲"者，《说文解字》释为"知也"，释为"智也"。我们今天常常把关于宇宙或人生的根本原理称作"哲理"；把才智卓越的人叫作"哲人"；把有关自然知识和社会知识的概括和总结，能给人以启迪的学问命名为"哲学"。

由此可知，"睿智"一词与"圣""哲"紧密相关，指的都是一种大智慧。

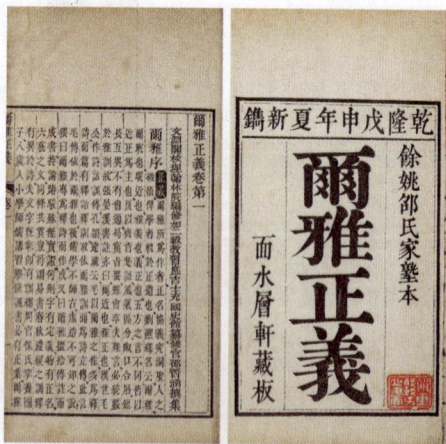

《尔雅正义》局部

二、大智慧和小聪明

一个人的"智"有大小之分，就像我们今天称人的智商、情商有高低之别一样。

"智"之大，我们常称作大智慧，"智"之小，我们常称作小聪明。那么，大智慧与小聪明到底有何区别呢？先不妨看看下面两个例子。

第一个是《韩非子》一书记载的例子：

曾子之妻之市，其子随之而泣。其母曰："女还，顾反为女杀彘。"妻适市来，曾子欲捕彘杀之。妻止之曰："特与婴儿戏耳。"曾子曰："婴儿非与戏也。婴儿非有知也，待父母而学者也，听父母之教。今子欺之，是教子欺也。母欺子，子而不信其母，非所以成教也。"遂烹彘也。

故事说的是曾子的妻子有一天到集市上去，她的儿子一边哭一边跟着她。孩子的母亲说："你回去吧，等我回来时为你杀猪吃。"等到曾子的妻子从集市上回来，曾子就捉了猪准备杀了它。他的妻子阻止他说："我不过是和小孩子开玩笑罢了，你居然信以为真了。"曾子说："和小孩子是不能随便开玩笑的。小孩子年幼无知，经常是从父母那里学习知识，听取教诲。现在你欺骗孩子，就是在教他欺骗别人。母亲欺骗了孩子，孩子就不会相信他的母亲，这样一来你就很难再教育好他了。"于是就真的杀了猪煮肉吃。

曾子的妻子为了哄哭闹相随的孩子，骗孩子说等我回来给你杀猪吃，孩子果然听信，乖乖在家里等候，这是小聪明；曾子听说有这档事，意识到"言必信"对培养孩子的价值观十分重要，于是真把家里的猪杀了，这便是大智慧。

第二个故事出自刘向所撰《新序》：

魏文侯出游，见路人反裘而负刍。文侯曰："胡为反裘而负刍？"对曰："臣爱其毛。"文侯曰："若不知其里尽，而毛无所恃耶？"明年，东阳上计钱布十倍，大夫毕贺。文侯曰："此非所以贺我也。譬无异夫路人反裘而负刍也，将爱其毛，不知其里尽，毛无所恃也。今吾田不加广，士民不加众，而钱十倍，必取之士大夫也。吾闻之下不安者，上不可居也，此非所以贺我也。"

故事说的是魏文侯一天出游，看到路上有人反穿裘皮衣背着柴禾，便问缘由。那人声称因爱惜裘皮衣上的毛，才如此这般。魏文侯当即说道，你不知道如果皮都磨光了，毛也就没地方可以依附了吗？第二年，东阳官府送来账册，上缴的钱是原来的十倍，大夫们全都来祝贺。魏文侯说道："我没有什么值得祝贺的。打个比方来说，这跟在路上反穿裘皮衣背着柴禾的人没有什么两样，虽爱惜皮衣上的毛，却不知道皮没有了，毛也就无处依附了。现在我们的土地没有扩大，老百姓也没有增加，而上缴的钱一下子变成了十倍，这一定是为官者用了计谋才做到的。我听过这样的说法，老百姓生活不安定，做君王的也就寝食难安，所以这不是你们应该祝贺的。"故事里那个爱惜皮衣上的毛的路人，以及看到十倍钱前去祝贺的大夫们，他们属小聪明；魏文侯懂得"皮之不存，毛将焉附"的道理，明白"下不安者，上不可居也"的治国安邦理念，属大智慧。

老子在《道德经》里曾有过这样一个说法："上士闻道，勤而行之；中士闻道，若存若亡；下士闻道，大笑之。"说的是有悟性的人一听到某种道理，便勤勤恳恳、实实在在地把它用到实践中去，在实践中体认，在实践中检验；悟性稍差一些的人一听到某种道理，常常半信半疑，时而把它放在心上，时而又忘得无影无踪，在行动上犹豫不决，摇摆不定；没什么悟性的人一听到某种道理，往往会当即露出鄙视的讥笑，认定它荒诞不经。从这个说法中我们也不难看出，老子之所以分出个上中下来，说明"智"是有大小之分的。

《道德经》中还有诸如"大白若辱""大方无隅""大器晚成""大音希声""大象无形""大成若缺""大盈若冲""大直若屈""大巧若拙""大辩若讷"一类的表述，杨伯峻在《列子集释》中称老子也有过"大智若愚"的表述。智慧之大，往往广而博，浩浩然没有边际；深而邃，幽幽乎不见始终；变而通，顺自然之道，合天性之理，自如应对；平而远，平实质朴而意味绵长。

老子也常常论及那些如"下士"一般自作聪明、自以为是的人，或为名所累，或为利所害，因"欲得"而滋生出种种"咎"，因"不知足"而招致种种"祸"，因"可欲"而深陷种种"罪"。所谓"企者不久，跨者不行，自见不明，自是不彰，自伐无功，自矜不长"，意思是说那些踮起脚尖想站得更高一些的，反而站不稳；迈着大步想走得更快一些的，反而走不远；喜欢自我表现的人往往会受各种各样的蒙蔽；自以为是的人常常名声大不起来，经常自我夸耀的人反而没有功劳，有了些功绩就骄傲自负的人反而不能被认可并获得尊重。

也正因为如此，老子提出"常使民无知无欲""使知者不敢为"，要"绝圣弃智"，这里的"知"也好，"智"也罢，指的都是算计、取巧一类的小聪明。

孔子在《论语》中经常拿"君子"与"小人"来对照，某种角度上我们可以把它看成大智慧与小聪明的区别。例如，"君子周而不比，小人比而不周"。拥有大智慧的人能持一颗公正之心善待天下所有的人；喜欢耍小聪明的人对待别人常常会以私心去权衡，跟谁走得近一点，会有好处，跟谁走得远一点，能避免麻烦。又如，"君子和而不同；小人同而不和"。拥有大智慧的人与人交往，有容人的雅量，也有坚持己见的操守，注重取长补短，懂得包容与尊重；喜欢耍小聪明的

人与人交往常常或抱成一团，或依附强权，各怀损他利己之鬼胎，表面上强求一致，转过背来就互相攻击。又如，"君子喻于义，小人喻于利"。拥有大智慧的人于事必辨其是非；喜欢耍小聪明的人于事必计其利害。又如，"君子坦荡荡，小人长戚戚"。拥有大智慧的人内心光明磊落，不忧不惧，胸襟开阔，坦然而舒展；喜欢耍小聪明的人，总是患得患失，要么觉得别人对不起自己，要么认为某件事对自己不利，受各种利欲所驱使，忙于算计，经常陷入忧惧之中，所以总是"长戚戚"。又如，"君子求诸己，小人求诸人"。拥有大智慧的人总是要求自己，喜欢耍小聪明的人总是要求别人，遇到矛盾、困难、挫折时前者从自己身上找原因，而后者只从别人身上找原因。

佛教尤其看重大智慧。佛经里有一部经书，叫《般若波罗蜜多心经》，简称《心经》，据说是唐朝玄奘法师前往古印度取经的路上，一位面上生疮、满身血迹的老和尚口授给他的，《西游记》小说里也多次提到此经书。"般若波罗蜜多"是梵语音译，其中"般若"，就是智慧的意思，但又不同于世上普通

的聪明智慧。聪明可以用在正路上，也可以用在邪路上。佛经里所讲的智慧，是专门用在正路上的，所以也常称作"大智慧"或"妙智慧"。"波罗蜜多"也写作"波罗蜜"，意思是"到彼岸"。一个人要出离苦海，到达彼岸，一定要靠这个智慧。还有一部佛经叫《金刚般若波罗蜜经》，简称《金刚经》，鸠摩罗什法师翻译的，经题中也强调"智慧到彼岸"，那为什么叫"金刚"呢？金刚者，其体坚固，有永无变坏之义；其用锋利，能断一切，自然也包括能断人世间的烦恼、痛苦；其相光明，便于修习者由文字能明诸法性空之义。

第五章

睿智（下）

RUIZHI
(XIA)

一个人怎样才能睿智？

一、厚其德，顺其理

（一）厚其德

人有"智"，如果又能"厚其德"，人方可拥有大智慧；如果没有"德"的指引，人之"智"常常会成为蝇营狗苟的小聪明，甚至会变成害人害己的恶心思、恶手段。

司马光在《资治通鉴》中有这样一番议论：

夫聪察强毅之谓才，正直中和之谓德。才者，德之资也；德者，才之帅也。……才德全尽谓之"圣人"，才德兼亡谓之"愚人"；德胜才谓之"君子"，才胜德谓之"小人"。凡取人之术，苟不得圣人、君子而与之，与其得小人，不若得愚人。何则？君子挟才以为善，小人挟才以为恶。挟才以为善者，善无不至矣；挟才以为恶者，恶亦无不至矣。愚者虽欲为不善，智不能周，力不能胜，譬如乳狗搏人，人得而制之。小人智足以遂其奸，勇足以决其暴，是虎而翼者也，其为害岂不多哉！夫德者人之所严，而才者人之所爱；爱者易亲，严者易疏，是以察者多蔽于才而遗于德。自古昔以来，国之乱臣，家之败子，才有余而德不足，以至于颠覆者多矣。

37

意思是说，一个人的聪慧、明察、坚强、果毅，叫作才；一个人的方正、率直、贤良、平和，叫作德。才，是德的辅助；德，是才的统帅。德才兼备称之为圣人；无德无才称之为愚人；德胜过才称之为君子；才胜过德称之为小人。挑选人才的方法，如果找不到圣人、君子来辅助自己，与其找个小人，不如找个愚人。为什么呢？因为君子持有才干来做善事；而小人持有才干来做恶事。持有才干做善事，能无善不为；而凭借才干作恶，就无恶不作了。愚人即使想作恶，因为智慧不济，气力不胜任，好像小狗扑人，人还能制服它。而小人的心机足以使他的阴谋得逞，他的力量又足以施展他的暴虐，这就如恶虎长了翅膀，他的危害就大得多了。有德的人是令人敬畏的人，有才的人是让人喜爱的人；对喜爱的人容易亲近，对敬畏的人容易疏远，所以察选人才者经常被人的才干蒙蔽而忘记了考察他的品德。自古至今，国家的乱臣奸佞，家族的败家浪子，因为才有余而德不足，导致家破国亡的也实在太多了。

司马光此议论虽然围绕"才"与"德"之关系展开，事实上，"智"与"德"之关系也当作如是观。

金庸先生小说《天龙八部》里少林寺扫地僧论武学一段颇为精彩："本派武功传自达摩老祖。佛门子弟学习，乃在强身健体，护法伏魔。修习任何武功之间，总是心存慈悲仁善之念，倘若不以佛学为基，则练武之时，必定伤及自身。功夫练得越深，自身受伤越重。如果所练的只不过是拳打脚踢、兵刃暗器的外门功夫，那也罢了，对自身为害甚微，只须身子强壮，尽自抵御得住。但如练的是本派上乘武功，例如拈花指、多罗叶指、般若掌之类，每日不以慈悲佛法调和化解，则戾气深入脏腑，愈隐愈深，比之任何外毒都要厉害百倍。"这虽然是小说家言，但如果将"武学"比作"智慧"，似乎也合此道理。

（二）顺其理

"理"者，《说文解字》释义为"治玉也。顺玉之文而剖析之"。我们加工、雕琢玉石需要顺着玉石本身的纹路来，后引申为任何事情要按照自然规律去做。万事万物的演绎都有其规律，一个人能顺应规律行事，才是大智慧。

柳宗元有篇叫《种树郭橐驼传》的文章，讲郭橐驼以种树为职业，长安城那些为了种植花木以供玩赏的富豪，还有那些以种植果树出卖水果为生的人，都争着接他到家中供养。大家看到橐驼所种，或者移植的树，没有不成活的，而且长得高大茂盛，果实结得又早又多。别的种树人即使暗中观察模仿，也没有谁比得上。

有人问郭橐驼种树有何诀窍？

他诚恳地介绍说："橐驼非能使木寿且孳也，能顺木之天，以致其性焉尔。凡植木之性，其本欲舒，其培欲平，其土欲故，其筑欲密。既然已，勿动勿虑，去不复顾。其莳也若子，其置也若弃，则其天者全而其性得矣。"意思是说，我郭橐驼并没有能使树木活得久、生长快的诀窍，只是能顺应树木的天性，让它尽性生长罢了。大凡种植树木的特点是，树根要舒展，培土要均匀，根上带旧土，筑土要紧密。这样做了之后，就不要再去动它，也不必担心它，种好以后离开时可以头也不回。栽种时就像抚育子女一样细心，种完后就像丢弃它那样不管。那么它的天

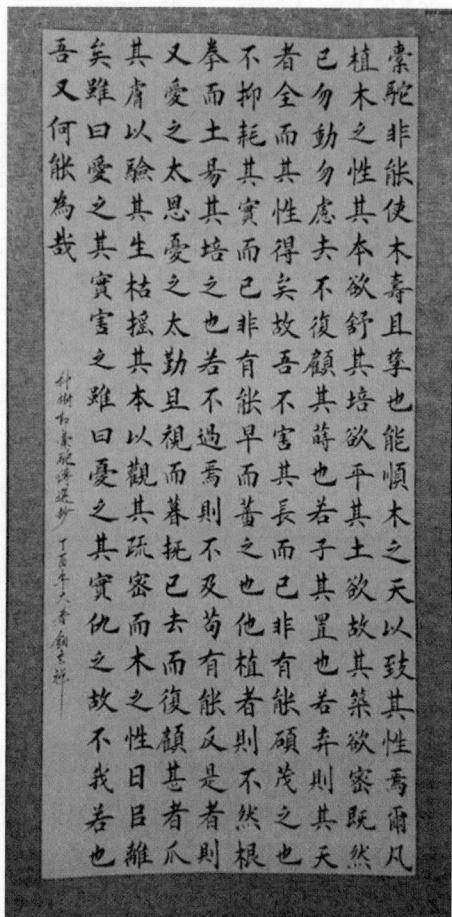

《种树郭橐驼传》选抄

性就得到保全，从而按它的本性生长。

这不仅仅是种树的道理，借用到治国安邦上，也同此理。

二、博其学，解其蔽

（一）博其学

博学多识，可以说是自古以来所有渴望拥有大智慧的人的共同追求，也是通往大智慧的必由之路，广博的知识是形成智慧的基础。

老子当年担任"周守藏室之史"，拿今天的说法，相当于是国家图书馆、国家档案馆馆长，室内所藏的浩繁的图书、文献、资料、档案，想必作为管理者的老子都一一浏览、阅读过，《道德经》一书里，老子曾多次引用古人的一些说法、观点、主张，不难想见老子当年边阅读、边摘录、边思考的情景。就以老子之学而言，有人说"出于古之道术"，有人说"出于诗"，有人说"由汤之史事而来"，有人说"出于史官"，而《道德经》中到处论及两两相对的概念，又有人说"出于《易》"，凡此种种说法，我们似乎也可以看出老子学识之广博。也正是因为老子能博其学，他才成就了超越常人的深邃智慧。关于学习，老子说过一句很著名的话，叫作"为学日益，为道日损"，说的就是一个人学得多了，才知道什么是真知灼见。就如同一个人结交了尽可能多的人后，才知道哪个是可以交心的；一个人经历了足够多的事后，才知道自己真正需要的是什么。

我们评价《庄子》一书时，常常喜欢用"汪洋恣肆""仪态万方"称之。庄子为了说理，更为了说透理，各种史料，信手拈来；各种典故，倾注笔端；有现成寓言的，引之用之，没有现成的，随手编之。如此这般的长袖善舞、纵横捭阖、腾挪跌宕、诡谲怪诞，没有广博的学识作为基础，是很难做到的。司马迁在《史记》中称庄子"其学无所不窥，然其要本归于老子之言"，正是这个"无所不窥"，才成就了庄子那不可逼视的智慧之光芒。"吾生也有涯，而知也无涯，以有涯随无涯，殆矣。"一个人的生命是有限的，而知识却是无穷的，以自己有限的生命去追求无穷的知识，难免会把人累得精疲力竭、体乏神伤。庄子这么说，并不是想从根本上去否定知识本身或求知这种行为，而是想说，正因为生命是有限的，我们要善于将已有的知识内化为智慧，从而能合乎规律、合乎天性地去做事。

孔子关于学习，有很多的说法

和主张，就博学而言，如"三人行，必有吾师焉。择其善者从之，其不善者改之"，只有拥有一颗好学之心，你才会发现遍地是你的老师，只有广泛地向他人学习，才能不断地丰富自己；也只有广泛地向他人学习，才能够辨别何者为"善"，何者为"不善"。一个人所学的知识多了，思维常常也就活跃起来，你才能够触类旁通、"闻一知十"、"温故而知新"。

孟子谈起博学，有这么一句："博学而详说之，将以反说约也。"在孟子看来，一个人做学问，首先应当博学，同时要把学到的东西做一番详细的辨别、推敲，最后才可以概括出某个言简意赅的要义来。

荀子认为一个人首先要明白天下学问之大，"不登高山，不知天之高也；不临深溪，不知地之厚也；不闻先王之遗言，不知学问之大也"。你不登上高山，就不知天有多高；你不站到深涧边上，就不知道地有多厚；你不去聆听一代又一代先王的遗训，就不知道学问有多博大。"君子博学而日参省乎己，则知明而行无过矣。"一个人只有做到博学，并且能时时刻刻参悟、反省，他才会智慧畅达，行动才没有过错。

（二）解其蔽

何谓"蔽"？许慎《说文解字》释为"蔽蔽，小草也"，后引申为遮盖，也引申为蒙蔽。如屈原《国殇》一诗有"旌蔽日兮敌若云，矢交坠兮士争先"，战场之上，一道道军旗遮住了太阳，敌人像黑压压的云一般压降过来，嗖嗖嗖的箭矢纷纷交叉着落下，我们的士兵置身于度外，奋勇争先。这里的"蔽"就是遮盖的意思。《商君书》有"明主不蔽之谓明，不欺之谓察"，意思是贤明的君主不被蒙蔽叫贤明，不被欺骗叫明察。这里的"蔽"即蒙蔽之意。

人与生俱来便有许许多多的弱点，人生在世，也常常会有许许多多的局限，故而遭受各种各样的蒙蔽，也是极其自然的现象。先秦时期道家著作《鹖冠子·天则》中称："夫耳之主听，目之主明。一叶蔽目，不见泰山；两豆塞耳，不闻雷霆。"后来到晚唐时，聂夷中作《杂兴》诗云："两叶能蔽目，双豆能塞聪。"说的就是这种现象。

一个人遭受这样或那样的蒙蔽，或只知其一，不知其二；或知其然，不知其所以然；或坐井观天，或少见多怪，智慧也就无从谈起。

41

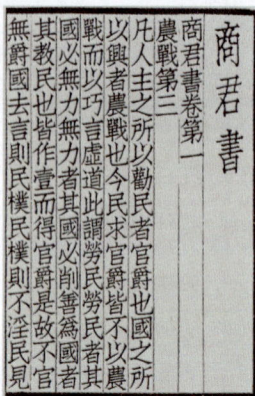
《商君书》局部

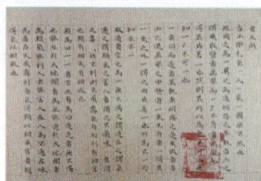
《鹖冠子》局部

荀子有《解蔽》一篇，解蔽，即解除蒙蔽，使人不受蒙蔽。在荀子看来，让我们遭受蒙蔽的因素有很多："数为蔽：欲为蔽，恶为蔽，始为蔽，终为蔽，远为蔽，近为蔽，博为蔽，浅为蔽，古为蔽，今为蔽。凡万物异则莫不相为蔽，此心术之公患也。"意思是，我们常遭受各种蒙蔽，爱好会造成蒙蔽，憎恶也会造成蒙蔽；只看到开始会造成蒙蔽，只看到终了也会造成蒙蔽；只看到远处会造成蒙蔽，只看到近处也会造成蒙蔽；知识广博会造成蒙蔽，知识浅陋也会造成蒙蔽；只了

解古代会造成蒙蔽，只知道现在也会造成蒙蔽。大凡万物各不相同又相互交会总会造成蒙蔽，这是思想方法上的一个普遍祸害。

《韩非子》一书中记载有这样一则小故事：

楚庄王欲伐越，庄子谏曰："王之伐越，何也？"曰："政乱兵弱。"庄子曰："臣患智之如目也，能见百步之外而不能自见其睫。王之兵自败于秦、晋，丧地数百里，此兵之弱也。庄蹻为盗于境内，而吏不能禁，此政之乱也。王之弱乱非越之下也，而欲伐越，此智之如目也。"王乃止。故知之难，不在见人，在自见，故曰："自见之谓明。"

说的是楚庄王想攻打越国，庄子劝谏道："大王为什么要攻打越国呢？"楚庄王说："因为越国朝政混乱、军队羸弱。"庄子说："我担心一个人见识如同眼睛，能看到百步之外，却看不到自己的睫毛。大王的军队被秦、晋打败后，丧失的土地有数百里之多，这可见楚国军队同样羸弱；有庄蹻等伙在境内作乱，地方官吏束手无策，这也可见楚国政事混乱。事实上楚国在兵弱政乱方面，还不如越国。现在您却要攻打越国，这般见识如同眼睛

42

看不见眼睫毛一样。"楚庄王听罢也就打消了攻打越国的念头。所以说人在认识上的困难，不在于能否看清别人，而在于能否看清自己。也正因为如此，《老子》才说自己认识到自己才叫明察。

三、寡其欲，虚其心

（一）寡其欲

中国有个成语叫"利令智昏"，一个人被利益诱惑，或被利益掌控，他就会失去判断力，乱了心智。更有甚者，唯利是图，利欲熏心，见利忘义，会做出许多违法犯罪的勾当。

《吕氏春秋》有这样一例：

> 齐人有欲得金者，清旦，被衣冠，往鬻金者之所。见人操金，攫而夺之。吏搏而束缚之，问曰："人皆在焉，子攫人之金，何故？"对吏曰："殊不见人，徒见金耳。"

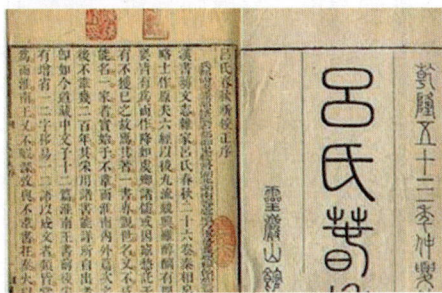

《吕氏春秋》局部

说的是齐国有个一心想要金子的人，大清早，穿好衣服戴好帽子，到卖金子的地方去，见到有个人手中拿着金子，就一把抢夺过来。官吏把他逮住捆绑起来，问他道："人都在这儿，你还抢人家的金子，怎么这么没眼力见？"那人回答官吏说："拿金子时，我只看到金子，根本就没看到人啊。"

佛教称，人世间的欲望即是"无明"，所谓"无明"即是对苦谛、集谛、灭谛、道谛的"不达、不解、不了"，也直接导致了"贪嗔痴起"。人一旦欲望萌动，杂念、妄念、邪念、恶念横生，也就远离了智慧。

所以，一个人想要让自己睿智起来，必须寡其欲。

（二）虚其心

这里的"虚心"不作"谦逊"解。指的是将内心的各种想法、主张、成见清除出去，让心清净下来，明亮起来，从而能专注地思考。

有一个经常被人提起的禅宗公案，讲了这样一件事：

一天，有一个大学者来向南隐问禅。双方坐下之后，南隐什么都没有说，只是一味地请学者喝茶。

南隐提起茶壶为他沏茶，茶水

不断泻下，很快就注满了杯子，但南隐却视若无睹，继续往下倒茶，以至于茶水溢出了杯子，流到桌上。

大学者望着茶水不断地溢出杯外，搞不清禅师究竟在捣什么鬼，就急切地阻止禅师："大师，茶水已经漫出杯子，请不要再倒了。"

南隐听到这一句话，顿时放下茶壶，注视着学者说："你的头脑就像这只杯子，里面装满了各种看法和念头。你不把自己的杯子倒空，叫我如何对你说禅？"

盛满水的杯中不可能再装入茶水，一个人头脑中充满了无知的妄见，也会排斥任何新思想的进入。可见，要想领悟真理，求得真知灼见，必须先排除内心的种种杂念、妄想、偏见、成见。

老子《道德经》一书曾多次提到"虚其心"一类的话题："是以圣人之治，虚其心，实其腹；弱其志，强其骨。常使民无知无欲，使夫智者不敢为也。为无为，则无不治。"对此一段话的理解，历来众说纷纭，莫衷一是。将此文字放在全书语境里看，老子认为圣人治理天下，应尽可能地让民众少一些私心杂念，但要让民众尽可能地填饱肚子；尽

可能地让民众少按自己个人的意志去做事，但要让民众有一个强壮的身体。老子这样说，表面上没有逻辑，有人也因此怀疑是不是"实其腹"与"弱其志"互换了位置。事实上，老子是按逻辑来说的。所谓"饱暖思淫欲"，先"虚其心"，再"实其腹"，似乎解决了这个问题；而人一旦有一个强壮的身体，常常会蠢蠢欲动，意气用事，所以老子先要解决他们的凭意气用事，再给他们强壮的身体。"常使民无知无欲"，"无知"是不要小聪明，"无欲"是没有私心杂念，没有非分之想，"使夫智者不敢为也"，使得那些自以为聪明的人不敢肆意妄为。要做事，就按照自然之规律做事，这样天下也就太平了。把"虚其心"之含义再扩展一些，即是正心，平心静气，忘怀名利得失，扫除心中的一切杂念、妄念、邪念、恶念，心虚则气聚，气聚则神凝，神凝则朴生。也正是基于这样的认知，老子才有"致虚极，守静笃。万物并作，吾以观其复"的说法。使心灵保持虚和静的至极笃定状态，湛然明朗，空明一片，为的是万事万物并行发生时，我能用这样的心境静静地审

视、观照事物循环往复的规律。

《论语》有云："子绝四：毋意，毋必，毋固，毋我。"意思是说，孔子有四戒：不凭空臆测，不武断绝对，不固执拘泥，不自以为是。这四者也正是儒家思想一贯倡导的"正心""诚意"。

荀子在《解蔽》一篇中曾说："人何以知道？曰：心。心何以知？曰：虚壹而静。"一个人怎样可以洞悉宇宙万物之奥秘，明察自然运行之规律，靠的就是这颗心。而心何以能洞悉、明察？答案是虚心、专心、静心。一个人只有虚其心，才能做到静心；也只有在静心状态下，方可专心。

关于这一点，《礼记·大学篇》说得更为明晰："知止而后有定；定而后能静；静而后能安；安而后能虑；虑而后能得。物有本末，事有终始，知所先后，则近道矣。"当我们内心有了一个"至善"的目标，对自己也有了一个期许，知道什么可以想，什么不可以去想；也知道什么可以做，什么不可以去做，慢慢地我们的心便能定下来，不再心浮气躁，不再三心二意。心定了，慢慢地也就静了，就像一涧溪水，原本跳动着从山上一路流淌下来，终于到了山脚下的深潭之中，定了，也就静了。静，有时候是表面的静，骨子里还在翻腾；有时候是出于外在的强迫，骨子里还在挣扎。所以，静了之后要能安，真正地安下心来，甚至放下心来，用这样的澄明心态观照世界、观照人生，世界似乎变得透明，人生也便轻盈起来，这便是"得"，便是原本走到你心里去的那个"至善"。

无独有偶，这样的一个依次得道悟道的过程在佛经中也有描述。佛云："持戒除贪，戒能生定，定力深厚，贪心不起，定力更进，断灭嗔心，智慧显露，愚痴障除，正见正行，净化身心，因次第修，证果不远，解脱根本烦恼，能度一切苦厄；此法真实不虚，唯信之者自证。"外部世界种种诱惑，勾起了你内心的欲望，你总是渴求着满足这样或那样的欲望，这是"贪"，现在你为自己确立了一系列行为准则，知道什么决计不能做，在你和身外的世界之间筑起了篱笆，屏蔽了纷至沓来的种种诱惑，这叫"持戒"。慢慢地，你因长时间的持戒除去了内心的贪念，心也就慢慢地定了下来。这是一个很漫长的过程，时不时可能有反复，有纠结，有挣扎，等到你终于定力深厚，也就再无贪心萌生，继而达到"静听不闻雷霆之声，熟视不睹泰山之形"的人我两忘的境地，也便灭了那"嗔心"，到了这个时候，智慧之光，如日出东海，喷薄而出，当阳光普照大地的时候，愚痴障除，磊磊落落，堂堂正正。

第六章
谦逊

QIANXUN

一、什么是谦逊

（一）先说"谦"

许慎《说文解字》解释为"谦，敬也，从言，兼声"，段玉裁注释时说："敬，肃也，谦与敬义相成。"所谓"谦与敬义相成"，是告诉我们"谦"与"敬"之间是相互依存的关系，你在表达"谦"时常常是出于内心的一份恭敬，而出于内心的一份恭敬又必然流露出"谦"的姿态。由此，我们也可以这么说，"谦"首先表现为"敬"，这种"敬"中带着"肃"，庄重而又严肃，即敬且畏，这是发乎内心的真诚的表现，绝不是场面上的虚伪客套。

杨树达先生在他的《积微居小学述林》一书中认为，"敬"在《说文解字》里解释为"肃"，强调的是内心的恭敬、端肃，恭在外表，敬存内心。但是，既然"谦"释为"敬"，为什么又是言字旁呢？杨树达先生便从众多的"兼声"字入手，发现"兼声之字多含有薄、小、不足之义"，所以推定为"谦盖谓言之不自足者也"，即"谦"就是那种说自己还不够优秀、不够完美，还有欠缺，没有如你们称道的那么出色之类的话。

《周易》六十四卦中第十五卦就叫"谦"，前有"大有"卦，后有"豫"卦。"谦"之卦象为，上卦为坤，为地，下卦为艮，为山，指的是山在地下之象。按照我们一般的认知，所谓显山露水，山总是耸立在大地之上的，但此卦象却是山甘居地之下，故曰"谦"。

历来有很多人就此卦象或注或疏或引申发挥。于是，关于"谦"，也就被赋予更多的内涵。

如《序卦》曰："有大者不可以盈，故受之以谦。""有大而能谦，必豫。故受之以豫。"《序卦》即解说六十四卦排列的次序，因先有天地，才有万物生长，所以先从"乾""坤"说起，然后以万物生长的过程、事物变化的因果关系，以及物极必反、相反相生的运动规律等解释其他各卦的相互关系。"大有""谦""豫"依次排在第十四、第十五、第十六，所以凡有大者，物是如此，事是如此，人也不例外，到了极点，即"盈"，不仅需要示之以"谦"，更要行之以"谦"，能够"谦"，才可以"豫"，

"豫"是安乐的意思。

相传是孔子弟子卜子夏所撰，也常被视为伪书的《子夏易传》中，有这样说法："人道恶盈，盈则慢之，以人恶已。谦则下人，故人好也。尊而谦之，益光大矣。卑而谦之，人莫之踰。"说的是人世间人也好，事也好，就怕达到巅峰，一到巅峰，头脑就不冷静了，就目空一切了，自以为是了，轻慢之心就来了，于是不可避免地遭人讨厌、憎恶。一个人在这种时候能够谦恭、谦让、谦卑，就会赢得他人的好感、喜欢、接纳。如果能做到谦虚待人，身处尊位的人会更加荣耀，即使是身处卑位的人也不会遭受欺凌和侮辱。又说："君子谦以下人，得人心也。"一个有良好修养的人能够谦虚待人，才会赢得人心。

魏晋时期著名的玄学代表人物王弼在为《周易》作注时说："能体'谦谦'，其唯君子。"能够做到保持一种特别谨慎、如履薄冰的心态，对人对事谦了又谦，也只有君子了。

唐代崔觐在为《周易》作注时曾说："富贵而骄，自遗其咎。故有大者不可盈。当须谦退，天之道也。"前一句是《道德经》里

的话，一个人富贵了，觉得自己了不起了，或露富炫富，或骄奢淫逸，或飞扬跋扈，必然会引来种种的祸端。所以，凡物不可盛大到极点，一定要懂得谦退之理，这是天地自然的法则。

孔子三十二代孙、唐代经学家孔颖达在为《周易》作疏时说："为德之时，以谦为用，若行德不用谦，则德不施用，是谦为德之柄，犹斧刃以柯柄为用也。"一个人在做善事、好事以彰显自己美好品德的时候，要采用谦恭的态度、手法；如果行善积德，态度傲慢，手法粗鲁，那么你的品德也就无从彰显。所以，"谦"是"德"的手柄，是"德"的依托，是"德"的抓手，这就与锋利的斧子没有手柄不能作砍伐之用一样的道理。

（二）再说"逊"

《说文解字》上说："逊，遁也。"也就是逃的意思，后来引申为退避、退让之意。为什么要"遁"或者"退避""退让"呢？因为感觉到自己还不够好，还差很多，或者不敢居人之先，甘居人后。就像当年尧要把天下禅让给许由，许由就"遁"了，跑进山里。古时候帝王把皇位移交给储君，叫作"逊位"，也就是让位的意思。一个人或一件事相比较还不够出色，叫作"逊色"或"稍逊一筹"。一个人说话傲慢无礼、毫不客气叫作"出言不逊"。孔子曾有过这样一句话："唯女子与小人为难养也，近之则不逊，远之则怨。"在孔子看来，天底下唯独与女子和小人很难相处，你跟他们亲近一些吧，他们常常会忘乎所以，没大没小，不讲谦恭礼仪了；你跟他们疏远一些吧，他们又觉得自己受冷落了，被看轻了，心生埋怨。这里的"逊"有谦恭之意。

"谦""逊"连用，意同谦恭、谦让、谦退、谦虚、谦卑，自古以来，被人们看成一种美好的品德。这样的品德，也常常命名叫"谦德"。

如何成就一个人的"谦德"？刘向《说苑》提出"六守"之说："德行广大而守以恭者，荣；土地博裕而守以俭者，安；禄位尊盛而守以卑者，贵；人众兵强而守以畏者，胜；聪明睿智而守以愚者，益；博闻多记而守以浅者，广。此六守者，皆谦德也。"

二、人为什么要谦逊

（一）来自天地自然的昭示

大自然有其自身运行的规律，所谓物极必反、盛极必衰。太阳冉冉地从东方升起，到了日中，便会缓缓地向西方落下；月亮一点点圆满了起来，过了十五，又会一点点亏缺；气温一天天暖和，过了盛夏，又会一天天变冷；鲜花从含苞待放到花团锦簇的盛放，接下来便是花开花又落的满地飘零；海浪有"峰"，紧相依存的便是"谷"。

正是因为有这样的规律，古人总是一而再、再而三地提醒我们。

《周易》丰卦说："日中则昃，月盈则食，天地盈虚，与时消息，而况乎人乎！"太阳到了正午就要偏西，月亮盈满就要亏缺。万事万物无常，总是随着时间的推移而兴盛衰亡，更不要说人了！

《道德经》说："物壮则老。"事物壮盛到极点就会衰朽。

《鹖冠子》说："物极则反，命曰环流。"事物发展到极致，就会向着相反的方向转化，这就叫作循环往复。

诸如此类的说法还有很多，如《吕氏春秋》说："故天子不处全，不处极，不处盈。全则必缺，极则必反，盈则必亏。"《史记》说："夫月满则亏，物盛则衰，天地之常也。"《淮南子》说："夫物盛而衰，乐极则悲，日中而移，月盈而亏。"等等。

（二）来自生活的启示

《孔子家语》中记载着这样一则故事：

孔子观于鲁桓公之庙，有欹器焉。夫子问于守庙者，曰："此谓何器？"对曰："此盖为宥坐之器。"孔子曰："吾闻宥坐之器，虚则欹，中则正，满则覆。明君以为至诚，故常置之于坐侧。"顾谓弟子曰："试注水焉。"乃注之，水中则正，满则覆。夫子喟然叹曰："呜呼！夫物恶有满而不覆哉？"

《海水旭日卷》 ［明］戴进

说的是孔子在鲁桓公庙里参观的时候，看到那里摆放着一只倾斜的器皿。孔子就问守庙的人说："这是什么器皿呀？"守庙的人说："这大概是放在座位右边来警戒自己的器皿。"孔子说："我听说君主座位右边的器皿，空着就会倾斜，灌入一半水就会端正，灌满水就会翻倒。圣明的君王将此看成是最好的警示之物，所以常常把它放在座位的旁边。"孔子回头对学生说："试着向里面灌水吧。"学生舀了水去灌它。灌了一半就端正了，灌满后就翻倒了。孔子不由得喟叹道：唉！天下之万事万物哪有满了而不倾覆的呢？

这正如洪应明在《菜根谭》一书中所说：

> 帆只扬五分，船便安。水只注五分，器便稳。如韩信以勇备震主被擒，陆机以才名冠世见杀，霍光败于权势逼君，石崇死于财赋敌国，皆以十分取败者也。康节云："饮酒莫教成酩酊，看花慎勿至离披。"旨哉言乎！

文中的康节指的是邵雍，北宋哲学家，字尧夫，谥康节，曾隐居苏门山百源之上，后人称他为百源先生。其诗中称，喝酒在小醉时的感觉最佳，酒醉则易忘；赏花的最佳时刻在其含苞待放之时，绽放的花朵，美则美矣，但一览无余，终归少了些回味。若花看半开，酒止小醉，似远还近，则前瞻大有希望，后顾也没断绝生机。

（三）谦逊是人与人之间和睦相处的必然要求

《论语》里孔子曾对齐国大夫晏婴的交往之道极为赞赏。"晏平仲善与人交，久而敬之。"孔子说，晏子这个人特别善于跟他人交往，不管他们交往的时间有多长，他总是能恭敬有加地对待朋友。晏子，名婴，字仲，谥平。身为显贵，才能卓群，跟人交往的时候，能做到"敬"，本身就难能可贵；更难能可贵的是"久"。生活中，我们也曾有过很多的朋友，然而时间一长，便不再有初见时的恭敬，慢慢地不在意了，甚至轻慢了。而这"久而敬之"，便是一个人谦逊品德的自然呈现。

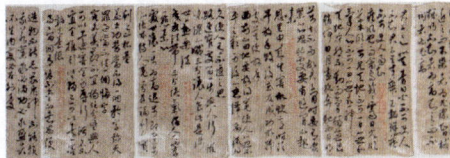

《菜根谭》选抄 陈伟

（四）谦逊是一个人不断提升人生境界的必由途径

《尚书》有一句经常被人引述的话，叫作"满招损，谦受益"，一个人能谦逊地面对一切，才会发现自己这样或那样的不足，才能为自己的内心腾出更大的空间，也才会致力于不断提升自己的修为，就如明代著名思想家王守仁所说，"谦虚其心，宏大其量"。

明代大学问家方孝孺在他的《逊志斋集》中说："人之不幸，莫过于自足。恒若不足故足，自以为足故不足。瓮盎易盈，以其狭而拒也；江海之深，以其虚而受也。虚己者，进德之基。"人的不幸，没有比得上自我满足的。总是觉得还有所欠缺的，才会足；自以为已经足了的人才是真正的不足。瓮盎一类的陶制容器是很容易灌满水的，它用它狭小的容量拒绝了更多的水；幽深而又浩瀚的江海，它却以它的博大容纳着千万条水流。谦逊者，是完善自身品德的基础。方孝孺把自己的书斋取名为"逊志斋"，逊志者，虚心谦让也。这本身就是对自己人生的期许和自勉。

中国历史上有着太多的贤达之士因谦逊不断提升自身的例子。

脱脱等所撰《宋史》中，记载有程颐之学生谢良佐的事迹："谢良佐，字显道，寿春上蔡人。与游酢、吕大临、杨时在程门，号'四先生'。登进士第。建中靖国初，官京师，召对，忤旨去。监西京竹木场，坐口语系诏狱，废为民。良佐记问该赡，对人称引前史，至不差一字。事有未彻，则颡有泚。与程颐别一年，复来见，问其所进，曰：'但去得一矜字尔。'颐喜，谓朱光庭曰：'是子力学，切问而近思者也。'所著《论语说》行于世。"

该记载前面说的是谢良佐的一些生平，他曾为"程门四先生"之一。杨时，就是"程门立雪"典故中的主角。宋徽宗时，谢良佐在东京汴梁做官，因触犯了皇帝，被贬到西京洛阳管理竹木场，后因为言论之罪被打入天字号牢房，最后贬为庶民。"良佐"之梦破碎，"显道"之志却始终不渝。谢良佐博闻强记，在人跟前说起以往的历史，引述往往一字不差。凡事有不明了的，凡理有悟不透的，常常会额头冒出细汗来。跟老师程颐分别一年之后，再次拜见，程颐问谢良佐学问方面是否有所长进，谢良佐回答说："也就是去掉了一个'矜'字罢了。"

古时候，自言己贤曰"矜"，自言己功曰"伐"，去掉了一个"矜"字，意味着终于认识到自己的种种不足。程颐很是高兴，对朱光庭说："这个人做起学问来，能虚心求教，能切近地思考。""切问而近思"原本是《论语》中子夏说的话："博学而笃志，切问而近思，仁在其中矣。"一个人能广泛地学习，又能坚守自己的志向；能虚心地向他人求教，又能结合当前发生的事做深入的思考，仁德就在里面了。

《程门立雪图》〔明〕仇英

第七章

向善（上）

XIANG SHAN
(SHANG)

一、什么是向善

（一）先说"善"

"善"字，许慎《说文解字》写作"譱"，解释为"吉也，从誩从羊，此与义（即义。为方便从文字本身来解读该字之意，故用繁体。下同）美同意"。但当我们在此书中查找"義""美"的意思时，发现许慎的说法是有矛盾的。"義，己之威仪也。从我，从羊。""美，甘也。从羊，从大。""善"的意思到底是跟"義"同，还是跟"美"同？是许慎记错了，还是许慎没有把话说清楚？

我们不妨来看看以"羊"作为部首，或构字中有"羊"的一些汉字。

"羊"在中国古代是主要的肉食，其味甘美。

"羔"字从羊，从火，以火烧羊之形，因为小羊肉嫩味美，所以又为小羊之称。

"美"字，《说文解字》释义为"甘也"，味道可口的意思，徐铉等注释为"羊大则美"，《孟子》一书有这样一段："曾晳嗜羊枣，而曾子不忍食羊枣。公孙丑问曰：'脍炙与羊枣孰美？'孟子曰：'脍炙哉！'"说的是曾晳特别喜欢吃羊枣，曾子在父亲过世后，因为食必思亲，怕

善　　　　羊　　　　羔　　　　羞　　　　膳

勾起自己伤心的回忆，就不忍心去吃羊枣了。公孙丑问道："切成细片的肉与羊枣哪个味道更美？"孟子回答道："当然是切成细片的肉了。""羊枣"，实小黑而圆，又称为羊矢枣，即黑枣也。按植物学的说法，其学名君迁子，属柿树科、柿属，别名软枣、牛奶枣、野柿子、丁香枣等。在这里，"美"用的是它的本义，味道甘美。

"羞"，其本义同样指的是美味的食品。《周礼》云："膳夫掌王之食饮膳羞，以养王及后、世子。"说的是作为食官之长的膳夫要负责天子、后妃及其众子孙的饮食事务。其中"膳，牲肉也"，"羞，有滋味者"。后文称"羞用百二十品"，可谓种类繁多，多采集于牲畜及禽兽，用来增添其滋味。

"膳"，本指牲肉，即美食也。古时候，"善"与"膳"通，应该也有美味之意。

大凡食物一类的东西，尤其是用动物身上的肉做成的食物，很容易变质，很难长时间保存。时间一久，腐烂了，变味了，闻着、吃着有呕吐的感觉，恶心了，于是又有了一个"恶"字，指的是面对不好的食物，让人从心里有种不喜欢的感觉。

也就是说，"善"原本可能指的是食物的美味，后来引申为美好的意思，之后又有了善良、吉祥之意。作为与"善"相对的"恶"，也有着几乎相同的字义演变轨迹。

从上面对文字的梳理中，我们可以清晰地看到，在上古人们的生活中，最初的"善""恶"概念都是来自人们对外在事物的感觉、评判，绝不是什么与生俱来的、植根于内心的某种天性。同时，"善"与"恶"对个体而言，往往是相对的，你认为是美味的东西，在别人看来却是难以接受的。还有，"善"与"恶"也常常会转化，"善"变成"恶"似乎很容易，而由"恶"变成"善"却是很难。

（二）再说"向善"

"向"有两个层面，一个是"方向"的"向"，一个是"向往"的"向"。"善"似乎也有两个层面，一个是作为原点的本性的"善"，一个是作为终点的目标的"善"。

所以，"向善"实际上有两个层面的意思。一个层面的意思是以孟子为代表所提出来的"向善论"，认为人性总是趋向于"善"，或者说向往着"善"，认为这是人的本性使然。另一个层面的意思是不管人性本善而因环境影响变恶，或者人性本恶，再或者人性本无所谓善恶，我们都能够通过后天的努力，让它朝着"善"的方向去发展，以至达到"至善"的目标。

人性总是向往着"善"的观点，源于孟子与告子的一段经典对话。

《孟子·告子上》有这样的记载：

告子曰："性犹湍水也，决诸东方则东流，决诸西方则西流。人性之无分于善不善也，犹水之无分于东西也。"孟子曰："水信无分于东西，无分于上下乎？人性之善也，犹水之就下也。人无有不善，水无有不下。今夫水，搏而跃之，可使过颡；激而行之，可使在山。是岂水之性哉？其势则然也。人之可使为不善，其性亦犹是也。"

告子应该是与孟子同时代的著名儒家学者，《孟子》书中，称其为"子"，没有像对众多学生那样直呼其名，可以揣测告子较孟子更为年长一些，双方也不是师生关系，

遗憾的是，历代文献中并无有关告子的生平资料，东汉赵岐在为《孟子》作注时曾有过一些介绍："告子者，告，姓也。子，男子之通称也。名不害。兼治儒墨之道者。尝学于孟子，而不能纯彻性命之理。"这样的介绍也主要本于《墨子》《孟子》书中均有一个称"告子"的人，两个"告子"是不是同一个人无从确定，其名"不害"也未见出处。

回到上文告子与孟子的辩论。告子说，人性就好像是湍急腾涌、回旋激荡的流水，从东面冲决开阻挡，它就流向东面，从西面冲决开阻挡，它就流向西面。人性本没有善与不善的区别，就好像水本来没有天生应该向东流淌或向西流淌的道理一样。水仅仅是水而已，因为外在的环境变化了，它的水性也随着变化罢了。人性也是一样，天生无所谓善或者不善，只是外在的条件变化了，人性也就随之不一样了。告子的这番话听起来好像也是很有道理的，在后世得到龚自珍的肯定，他在《阐告子》一文中这样说道："龚氏之言性也，则宗无善无不善而已矣，善恶皆后起者。夫无善也，则可以为桀矣；无不善也，则可以为尧矣。"

那么，孟子又是怎么辩驳的呢？孟子说，正如你所说的，水固

《水图》节选　［南宋］马远

然没有天生应该向东流淌或向西流淌的禀性。这仅仅是你所看到的一个侧面而已，你怎么就想不到水还可以向上或向下流淌呢？人与生俱来的天性本质上是向善的，就好像水的天性本质上是趋下的。天下没有一个人的本性生来不是向着善的，就如同天下所有的水其水性都往下流淌一样。当然，现实也常常会有这样的一种状况，同样是水，如果你搏击流水，它可以跳起来流到、溅到额头；如果你施加足够的外力，它还可以一直流到山顶。你说这种情况，难道是水的天性吗？不是啊，这是一种特殊情况下的情势啊，是来自外部的影响才促使水改变了它的天性而造成这个状况的。人性可以使其产生不善的状况，其情形正和水在或"搏"或"激"的情势下的表现是一样的。

双方辩论到这里，就此话题，似乎也告一段落。表面上看，孟子赢了。但告子有没有服输，我们无从知晓；告子有没有就孟子的辩驳加以诘问，我们也无从知晓。其实，告子一开始以"流水"为喻，并无不妥，只是他没想到他仅仅说到向东流、向西流这种现象，而未提及向上流、向下流这种现象，就被孟子钻了空子，找到辩驳的由头。如果一开始告子不拿"流水"作喻，仅仅拿"水"来说事，那么孟子就难以找到辩驳的理由了。譬如有一缸水，它就放在那里，无所谓善与

57

不善。有人舀来喝了，解渴了，谓之善；有人舀来喝了，呛水了，谓之不善。水还是水，善与不善仅仅是不同的人面对水时因不同的需要或处置方式而产生的反应、评价罢了。同样是这缸水，本无所谓善与不善，但时间一久，水质变了，滋生出许多微生物，有人舀来喝了，生病了，谓之不善；缸里养的鱼因大量微生物滋生而得以存活，谓之善。非要给水贴上一个"善"或"不善"的本性标签，便是无理了。另外，当孟子称水的天性向下，故人的天性向善时，这两者本身没有逻辑关系，"水往低处流"确实是一个普遍的现象，也可视之为客观规律，但这个规律并不能推导出人的本性一定就向善。还有一点，孟子做了一个选择性的发挥，即在"善"与"不善"中，选择了一个"善"去附会，既然水的天性向下，为什么孟子不去推出"所以人的本性向着不善"呢？从文中看，显然告子被驳得"哑口无言"，只能另找话头，因为这本书是孟子写的。

所以，我们不妨先放下人的本性到底是不是趋向着"善"这一命题，单就人究竟如何走向"善"来看看古人的一些说法和做法。

二、从向善到至善

首先要确定一个关于"善"的标准，也可以说要树立一个关于"善"的价值观，告诉人们什么是"善"的，什么是"不善"的，界限在哪里，理由是什么。

价值观既是评判人们行为的准则，你符合它，就是"善"，你违背它，就是"不善"；也是指引、规范人们行为的一个导向，朝这边走，便是"善"，朝那边走，就是"不善"。

其实，中国古代不乏这样或那样的价值观。譬如道家思想主张自然、质朴、本色、率真，强调无为而治；儒家思想主张克己复礼，讲孝道，重秩序，推崇仁政；法家思想主张以法治国，富国强兵；墨家思想主张兼爱、非攻、节用，看重"利天下而为之"；等等。单就一个国家而言，其核心价值观需要统一，也需要相对稳定，不能或左或右，也不能朝令夕改，否则的话，老百姓便会无所适从，终将导致社会的混乱，同时，作为统治者，要为世作则，垂范于天下。

其次要积极教育、引导人们对照准则，去明辨"善"与"不善"，也就是培育他们明辨"善"与"不善"的自觉意识，提高他们的是非判断能力。

有些人能把准则内化为一种意识，就像是给自己心里安了一根弦，时时绷紧了，唯恐稍一疏忽，做出一些"不善"的事。姜太公吕尚《太公金匮》有云："武王问师尚父曰：'五帝之戒，可得闻乎？'师尚父曰：'舜之居民上，矜矜如履薄冰；之禹居民上，栗栗恐如不满；汤之居民上，翼翼乎惧不敢息。'"身为君王，为天下百姓谋福祉，在"善"与"不善"间，慎之又慎，不敢越雷池半步。用《诗经·小宛》里的诗句来说，便是"温温恭人，如集于木。惴惴小心，如临于谷。战战兢兢，如履薄冰"。

有些人悟性高，用佛教的说法，便是有"慧根"，一点便透，《管子》有这样一段：

> 桓公、管仲、鲍叔牙、宁戚四人饮，饮酣，桓公谓鲍叔牙曰："阖不起为寡人寿乎？"鲍叔牙奉杯而起曰："使公毋忘出如莒时也，使管子毋忘束缚在鲁也，使宁戚毋忘饭牛车下也。"桓公辟席再拜曰："寡人与二大夫能无忘夫子之言，则国之社稷必不危矣。"

说是有一天齐桓公和管仲、鲍叔牙、宁戚一起喝酒，齐桓公跟鲍叔牙说："先生为什么不起身为我敬杯酒，说上几句呢？"鲍叔牙捧起酒杯站起来说道："希望我的君王您不要忘记当年在莒国逃难的日子；希望管仲先生不要忘记和公子纠逃亡鲁国最后被绑缚送回的日子；希望宁戚先生不要忘记假扮卖牛而在我王车前敲着牛角大声歌唱的时候。"听罢，齐桓公当即离开席位向鲍叔牙拜谢道："我和两位大夫但愿永远不会忘记阁下的教诲，那样的话，齐国也就不会遭遇不测和麻烦了。"

有些人悟性差一些，或者根本没有什么悟性，用佛教的说法，便是"钝根"，开不了窍，需要全社会有足够的耐心去开导他们、影响他们、感化他们，或给他们树立起几个"善"的榜样、几个"不善"的典型，让他们对"善"与"不善"有直观的认知。如果他们喜欢听故事，那就给他们讲一些他们喜闻乐见的故事，民间常有种种"传奇""怪谈"，可作教化之用。明末冯梦龙也曾借老百姓喜闻乐见的题材，编撰成《喻世明言》《警世通言》《醒世恒言》中一个又一个故事，以期唤醒沉迷于酒色财气的世人。在他看来，这些老百姓喜闻乐见的故事，常常能使"怯者勇，淫者贞，薄者敦，顽钝者汗下。虽小诵《孝经》《论语》，其感人未必如是之捷且深也"。即让怯懦的人变得勇敢，让淫荡的人懂得贞洁，让轻薄的人回到敦厚，让顽冥不化、愚钝不开窍的人直冒冷汗。即使你去读诸如《孝经》《论语》一类的书，其感动人、感化人的效果也未必如读这样的故事来得快捷、深入。

再次，仅仅能明辨"善"与"不善"远远不够，还须自觉地化为行动，身体力行地去行"善"，去改正自己身上的那些"不善"。

《孟子》一书中称："舜之居深山之中，与木石居，与鹿豕游，其所以异于深山之野人者几希。及其闻一善言，见一善行，若决江河，沛然莫之能御也。"意思是说，当年舜还住在深山中的时候，与林木、山石为伴，与鹿、猪往来，跟深山中的野人没有多少差别。等到他听到一句好话，见到一件好事，从中获得的力量就像决了口的江河，汹涌澎湃没有人阻挡得了。一个人好"善"、

向"善"到了这样的境地，积极地去行"善"也就自然而然了。

《论语》里记载了很多有关向善、察善、择善、行善的话语。

"曾子曰：'吾日三省吾身。为人谋而不忠乎？与朋友交而不信乎？传不习乎？'"曾子说，我每天都要反复地问自己这样三个问题：替他人做事，我有没有尽其心、竭其力？跟朋友们交往我有没有言而有信？老师的教诲、圣贤的遗训，我有没有自觉地去践行？一个人对自己的人生有一份期许，渴望臻于至善，就必须要有自我反省的意识和能力，通过反省，一来烛照内心，扪心自问，看看自己究竟要什么；二来不断地检点自己，敲打自己。

"子曰：'见贤思齐焉，见不贤而内自省也。'"孔子说，见到一个优秀的人，心里马上想到要向他看齐，以他为榜样，就如同子夏所说的"贤贤易色"，脸上当即显现出毕恭毕敬的神色，心向往之；见到那些"不贤"之徒，心里立马警觉起来，想想自己身上是不是也有这样的毛病，会不会跟他一样也有滑向泥潭的可能。类似的表述还有"见善如不及，见不善如探汤"，看到好的，它就如同一把标尺，一

下子量出自己的不足来；见到不好的，就如同把手指放到滚烫的水里一样，瞬间收手，时时警觉。

"子贡问曰：'乡人皆好之，何如？'子曰：'未可也。''乡人皆恶之，何如？'子曰：'未可也。不如乡人之善者好之，其不善者恶之。'"子贡有一天问老师说，地方上的人都说他好，在你看来这个人怎么样？孔子回答道，说不上来，没办法判断。子贡接着又问，地方上的人都讨厌他、憎恨他，依你看这个人又如何？孔子说，还是无从判断。最好的人应该是地方上的好人都喜欢他、地方上的坏人都厌恶他的那种。在孔子看来，评判一个人或一件事的"善"与"不善"，不能仅仅依据他人的好恶，"善"与"不善"有各自的准则，我们要借助多个参照系，综合地去考量、推敲、分析，需要智慧。"众恶之，必察焉；众好之，必察焉。"那么多人都讨厌的，肯定有原因，需要我们细细地审察；那么多人都喜欢的，肯定也有原因，同样需要谨慎对待。就像"巽与之言"，顺着你的心思跟你说的好话、顺耳的话，"能无说乎"，我们听了能不舒服吗？但舒服归舒服，你因此而信以为真、扬扬得意，那就危险了，

"绎之为贵"，你必须加以推敲，分析分析他这样说的用意、目的，检讨一下是不是自己有爱听好话的习惯。"巧言令色，鲜矣仁。"不是所有的人都能分辨、明察的。

"子曰：'德之不修，学之不讲，闻义不能徙，不善不能改，是吾忧也。'"孔子说，有些人也谈道德、讲品德，但讲过也就忘了，他根本没把这种事放在心上，也不知道修德是一件很漫长的事，懒得去提升，懒得去完善；有些人表面上很好学，读书做学问很投入的样子，但不知道"学习"两字的含义，"学"是一个方面，"学"了还需去"习"，把学到的东西用到实践中去。文中的"讲"，清朝汪中在《述学别录》一书中释为"习"；有些人一听到有关正义的人、正义的事，即刻心潮澎湃起来，时间一久，又冷了下

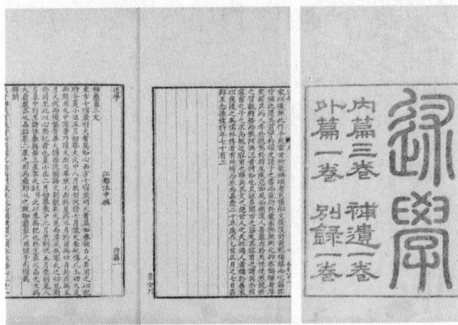

《述学》局部

去，没有因此改变意念而从之的行动；有些人知道自己身上的问题，但就是不加以改正，任其一直这样错下去。孔子说，上述这四种人，或四种状况，都是让我忧虑万分的，都快成了我的心病。

当一个人认识到他人的种种"善"，孔子主张应该欣欣然而从之；当一个人意识到自己身上的种种"不善"，孔子一再强调要去改正，所谓"择其善者而从之，其不善者而改之"。在孔子看来，"过而不改，是谓过矣"。有过错而不加以改正，这才是真正的过错。有些人意识到了自身的过错，唯恐他人也看到，常常极力去掩盖，掩盖不住了，就百般辩解。对于改正自己的过错，他有顾虑，担心因此没了威望，失了声誉。对此，子贡有这样的看法："君子之过也，如日月之食焉：过也，人皆见之；更也，人皆仰之。"品德高尚的君子，他的过错就如同日食、月食一般，一则不是经常发生的；二则他的光芒仅仅被遮掩了一时而已；三则地上的人都能看到，藏不住的。作为君子，你把自身的过错改了，就像须臾之间，日食、月食过后，还是原本那样的明亮、皎洁，光耀天下，光彻大地，人们都会敬仰之。

最后，全社会要形成一种惩恶扬善的机制，培育惩恶扬善的风气。

一些心地善良的人，常常坚信这样一个道理，即"善有善报，恶有恶报"，但在现实生活中，这种报答也好，报应也罢，总是不能像人所期望的那样，即时应验，很多的时候，更是长时间不见应验，于是接着安慰自己说："不是不报，时候未到。"因为"善"，常常遭讥讽；因为"善"，常常遭欺骗；因为"善"，常常遭欺凌。所谓"人善被人欺，马善被人骑"，于是"善"就龟缩到内心深处。它在一片"恶"的世界里，无从彰显，甚至不敢发声。一个社会要想让"善"如水一般地流淌到每个角落，想要让"善"光明正大地大行其道，想要构建一个人人向善，人人孜孜于走向至善的良好氛围，必须在全社会形成一种惩恶扬善的机制。单靠垂范于天下的君王，不成；单靠一些贤者、君子，不成；单靠民间乐善好施的大善人，不成。这是一个系统工程，需要有制度做保障，也需要人人参与。

第八章

向善（下）

XIANG SHAN
(XIA)

　　中国古代讲门风、家风，重身教、家教，所谓"遗子黄金满籝，不如教子一经"，这是东汉年间流传在邹鲁大地上的一句谚语。"籝"，即筐子。你给儿孙们留下满满一筐子黄金，还不如教他们读一部经书。黄金总有耗尽的时候，但一部好书，却会让他受益终身，并延及子孙。所以，在清代乾隆年间，与袁枚、赵翼并称"乾隆三大家"的蒋士铨，有"人生之乐莫如读书，人生至要莫如教子"的说法。古人在看重家教的同时，也给后世的我们留下了许许多多的诫子书。翻阅这一封一封款款情深的家书，我们不难发现，希望引导孩子积极向善，希望孩子成为一个好人，是众多诫子书的核心主题。

　　北宋著名理学家，与周敦颐、张载、程颢、程颐并称"北宋五子"的邵雍，在《戒子孙》一文中说："上品之人，不教而善；中品之人，教而后善；下品之人，教亦不善。不教而善，非圣而何？教而后善，非贤而何？教亦不善，非愚而何？是知善也者，吉之谓也；不善也者，凶之谓也。吉也者，目不观非礼之色，耳不听非礼之声，口不道非礼之言，足不践非礼之地，人非善不

63

交，物非义不取，亲贤如就芝兰，避恶如畏蛇蝎。……凶也者，语言诡谲，动止阴险，好利饰非，贪淫乐祸，疾良善如雠隙，犯刑宪如饮食，小则殒身灭性，大则覆宗绝嗣。……汝等欲为吉人乎？欲为凶人乎？"人有资质上的差异，有的人"不教而善"，有的人"教而后善"，有的人"教亦不善"。一个人如果能"知善"，就能自觉地做到眼睛不看非礼之色，耳朵不听非礼之声，嘴巴不说非礼之言，双脚不踏入非礼之地，不是善类不跟他们交往，不义之财分文不取，看到贤者如同看到香花美草般欣喜，见到恶者如避蛇蝎一样坚决。如若一个人不善，势必言语不诚实，爱说谎，爱欺骗，做起事来阴险，常干一些见不得人的勾当，常做一些陷害别人的坏事，争名好利，文过饰非，贪心浪费，纵欲放逸，幸灾乐祸，嫉妒善良的人，把他们视如仇人一般，触犯法律如同家常便饭。这些恶行所造成的恶果，往小里说，将令自己泯灭了人性，甚至丢掉性命；往大里说，败坏了家风、族风，不仅令族人、家人、亲友蒙羞，乃至有断子绝孙的危险。

在渴望孩子向善这一点上，东汉末年的王修在他的《诫子书》里甚至说了句看似很极端的话，"父欲令子善，唯不能杀身，其余无惜也"。

那么，历代诫子书中的向善教育，究竟包含哪些方面的内容呢？概括起来说，有以下几点：

一、做个好人

清代郑板桥晚年得子，爱子之情胜过一般人。因当时他在山东潍县（今潍坊市）任县令，妻儿在江苏兴化老家，他无法当面教子，便将管教儿子的事务托付给了他的弟弟，他在《潍县署中寄舍弟墨第二书》中称："夫读书中举、中进士做官，此是小事，第一明理，做个好人。"

怎样才能做个好人？郑板桥的意见是：

要须长其忠厚之情，驱其残忍之性。不得以为犹子而姑纵惜也。家人儿女，总是天地间一般人，当一般爱惜，不可使吾儿凌虐他。凡鱼飧果饼，宜均分散给，大家欢嬉跳跃。若吾儿坐食好物，令家人子远立而望，不得一沾唇齿；其父母见而怜之，无可如何，呼之使去，岂非割心剜肉乎！

意思是说，培养孩子，一定要增强他的忠厚之心，而根除其残忍之性，不能因为他是你的侄子就姑息，放纵怜惜他。仆人的子女，也是天地间一样的人，要一样爱惜，不能让我的儿子欺侮虐待他们。凡鱼肉水果点心等吃食，应平均分发，让大家都高兴。如果好的东西只让我儿子一个人吃，让仆人的孩子远远站在一边看着，一点也尝不到，他们的父母看到后便会可怜自己的孩子，又没有办法，只好喊他们离开，此情此景，岂不令人心如刀绞？

中国近代著名的政治家，与李鸿章、左宗棠、张之洞并称"晚清中兴四大名臣"的曾国藩，在他的《诫子书》中这样说道："自修之道，莫难于养心；养心之难，又在慎独。能慎独，则内省不疚，可以对天地、质鬼神。人无一内愧之事，则天君泰然。此心常快足宽平，是人生第一自强之道，第一寻乐之方，守身之先务也。"文中的"慎独"，指的是一个人即使在独自生活的时候，也能自觉地严于律己，谨慎地对待自己的所思所行，防止有违道德的欲念和行为发生。

二、戒逸戒奢

南朝宋时的颜延之被免官之后，隐居在金陵（今南京市）长干里颜家巷长达七年的时间，《宋书》说，他"闲居无事，为《庭诰》之文"。庭，就是现在所说的厅堂，这是中国古代家庭聚会，亦是会客、举行各种仪礼的场所；诰，告也，在古代有上告下之意。其中有云：

> 古人耻以身为溪壑者，屏欲之谓也。欲者，性之烦浊，气之蒿蒸，故其为害，则熏心智，耗真情，伤人和，犯天性。虽生必有之，而生之德，犹火含烟而烟妨火，桂怀蠹而蠹残桂。然则火胜则烟灭，蠹壮则桂折。

"耻以身为溪壑"说的是我们的身体就像一个空旷的河谷，似乎容得下很多很多的东西，什么都往里装，永远像是装不满的样子，就像面对身外之物，总渴望拥有，永远没有满足的时候。有时候，你心里可能想要坚守，想要拒绝，但身体很"诚实"，它自作主张地张开了嘴，伸出了手。在颜延之看来，欲望这东西，其本质上是致人于烦躁境地的一种混浊之物，表面上像是燃烧蓬蒿时散发出来的昏暗之气，它的危害，可以弱化人的心智，耗去人的真情，伤了人的平和，扭曲人的天性。虽然说欲望是与生俱来的，但生命的一般规律是，人之于欲，犹如火之于烟，有火难免有烟，但烟也会常常妨碍火；有透着馨香的桂树，难免就有蛀虫，而蛀

《竹林七贤图》 ［明］仇英

虫常常会毁了桂树。只有抵御欲望的那把"火"足够强大，那欲望才会被遏制；若像蛀虫一般的欲望不断壮大，弥漫着馨香的桂树也必然会遭摧折。

要做到节制欲望，必须戒逸。魏晋之际著名思想家、文学家、音乐家，与阮籍、山涛、向秀、刘伶、阮咸、王戎合称为"竹林七贤"之一的嵇康，在他的《家诫》一文中称："临乐则肆情，处逸则极意。"意思是说，一个人遇到快乐的事情往往会控制不住感情，当他处在轻松的境地时常常因极度放松而随心所欲。按曾国藩的说法就是"劳则善心生，佚则淫心生"，一个人通过劳动懂得生活之艰辛，内心自然会生出善念来；一个人无所事事，放纵自己，难免会有邪念蠢动。明代学者、文学家史桂芳在他的《训家人》一文中也说了类似的话："劳则善心生，养德、养身咸在焉；逸则妄念生，丧德、丧身咸在焉。吾命言儿、稽孙，不外一'劳'字。言劳耕稼，稽劳书史，汝父子其图之。"勤劳则生善心，养德、养身都在其中；安逸则生恶念，丧德、丧身也在其中。我要吩咐言儿、稽孙的，只是一个"劳"字。言儿勤于耕稼之事，稽孙勤于读书之务，你们父子可要切切在心，好好努力。

要做到节制欲望，必须戒奢。南宋官员袁采，信安（今浙江常山县）人，撰有《袁氏世范》一书，谈到戒奢，有这样的表述："凡富贵之子弟，耽酒色，好博弈，异衣服，饰舆马，与群小为伍，以致破家者，非本心之不肖，由无业以度日，遂起为非之心。小人赞其为非，则有啜钱财之利，常乘间而翼成之，子弟痛宜省悟。"意思是说，大凡富贵人家的孩子，沉溺于酒色，爱好赌博，穿着奇装异服，讲究车马装饰，整天跟一帮心术不正的人在一起厮混，最后败光了家产，他们原本的心也许不坏，但因为整日无所

66

事事，于是便动起胡作非为的心思。而那帮心术不正之徒又常常称道他们的行为，借此揩一点油，沾一点光，得一点实惠，如此趁虚而入，推波助澜，使他们坏事做得更多。孩子们应该对此有痛定思痛之后的清醒认识。颜延之在《庭诰》中也称："浮华怪饰，灭质之具；奇服丽食，弃素之方。"人一旦沉迷于奢华之中，便不再淳朴，没了本色，也丢了初心。

三、交友务慎

中国古代的仁人志士特别看重交友之道，所谓"近朱者赤，近墨者黑"，所以，在他们的诫子书中，总是不厌其烦地告诫孩子，交友务必谨慎。

曾国藩在家书中称"一生之成败，皆关乎朋友之贤否，不可不慎也"，把交友上升到关乎一生之成败的高度。

宋代理学家朱熹在《与长子书》中称："交友之间，尤当审择，虽是同学，亦不可无亲疏之辨。大凡敦厚忠信，能攻吾过者，兰友也；其谄谀轻薄，傲慢亵狎，导人为恶者，损友也。"说的是一个人结交朋友，一定要仔细审察，有所选择。

即使是同学，也不能没有亲近与疏远的区别。凡是那些淳朴宽厚、忠诚守信、能批评指正你的过失和错误的人，是有益的朋友。那些奉承拍马、轻佻刻薄、傲慢、不庄重，把你引向恶的人，是有害的朋友。朱熹接着说："但恐志趣卑凡，不能克己从善，则益者不期疏而日远，损者不期近而日亲。此须痛加检点而矫革之，不可荏苒渐习，自趋小人之域。"在实际生活中，怕就怕自己志趣本身低下、庸俗，又不能有效地控制、驾驭自己，朝着善的方向去努力，这样的话，你不希望疏远的那些益友会一天天地远离你，而那些你不希望亲近的损友则一天天地亲近你。这是必须好好检点加以改正的，不能够因自己的拖延、磨蹭渐渐成了习惯，那样则无疑是把自己推进小人的圈子里去。

四、齐家教子

在古人的眼里，家不仅是安身之所，而且是考察自己是否具有安邦济世能力的试炼场，儒家思想倡导的人生之路，即所谓修身、齐家、治国、平天下，一个人如果连家都无法齐，遑论治国安邦？

67

袁采《袁氏世范》一书中说得明白："何为齐家？不争田地，不占山林，不尚争斗，不肆强梁，不败乡里，不凌宗族，不扰官府，不尚奢侈，弟让其兄，侄让其叔，妇敬其夫，奴恭其主。只要认得一忍字，一让字，便齐得家也。"在袁采看来，你"不争田地""不占山林"，凡事讲"忍"，讲"让"，需要有一个很现实的前提，那就是要保证自家衣食无忧。怎么保证？得有一份产业，或者得擅长一种能养家糊口的手艺、技能。"人之有子，须使之有业。贫贱而有业，则不至于饥寒；富贵而有业，则不至于为非。""人有常业，则富不暇为非，贫不至于失节。"

宋朝时，有眉山人家颐，撰有《子家子》一卷，被《永乐大典》收录，作者命名为"子家子"，或许是希望这样的教诲能一代代传承下去。

"养弟子如养芝兰，既积学以培植之，又积善以滋润之。"养孩子就如同养芝兰一般的香草，既要能博其学以培植以稳固其根本，又要不断地用蓄积的美德滋润使其苗壮成长。

"父子之间，不可溺于小慈。自小律之以威，绳之以礼，则长无不肖之悔。"父亲对待孩子，既不能够无原则地溺爱，也不能够讲条件似的施以小恩小惠。从小就要用一份威严加以管束，用一种准则加以规范，那么，孩子长大之后，便不会有因孩子不肖而后悔的事了。

"富者之教子，须是重道；贫者之教子，须是守节。子弟之贤不肖，系诸人；其贫富贵贱，系之天。世人不忧其在人者，而忧其在天者，岂非误耶？"富贵人家教育孩子，必须把着眼点放在培养孩子的社会责任上；贫寒家庭教育孩子，必须把着眼点放在培养孩子的坚守节操上。一个孩子长大之后是贤良还是不肖，决定因素是人；一个孩子长大之后是富贵还是贫贱，决定因素在命。世俗中人不去考虑人的因素，而一味地琢磨命的运势，岂不是走入了误区？

"教子有五：导其性，广其志，养其才，鼓其气，攻其病，废一不可。"教育孩子有五大基本任务，一是引导他的性情，二是拓展他的志向，三是培养他的才学，四是鼓舞他的意志，五是指出他的缺点，这五个方面，缺一不可。

第九章

行孝（上）

XING XIAO
(SHANG)

一、什么是行孝

（一）先说说"孝"

自古以来，人们常常有"人生不满百"的感慨，以百年为期，古人给人生的各个阶段命了名，《礼记》称，十岁以前叫"幼"，二十岁叫"弱"，三十岁叫"壮"，四十岁叫"强"，五十岁叫"艾"，六十岁叫"耆"，七十岁叫"老"，八九十岁叫"耄"，到了百年，叫"期颐"。

"幼"，许慎《说文解字》解释为"少也。从幺，从力"。而对于"幺"，解释为"小也。象子初生之形"。清代文字学家朱骏声不同意这样的解释，在《说文通训定声》一书中称："此字当从半系。系者，丝之半；幺者系之半，细小幽隐之谊。"他说，从文字本身去看，"幺"实在不像孩子初生的形状。由此可知，之所以把十岁以前的孩子叫作"幼"，主要是因为他们的力气还小。

"弱"，许慎《说文解字》解释为"桡也。上象桡曲，彡象毛氂桡弱也"。段玉裁注曰："桡者，曲木也，引申为凡曲之称。直者多强，曲者多

69

幼　　　　弱　　　　壮　　　　强　　　　艾

弱。""曲似弓，故以弓象之；弱似毛氅。故以彡象之。"相对于"幼"而言，"弱"还算有些气力，但相对于"强"而言，总归是筋力也微薄，志气也不足。或者可以解释为弓箭射出去软绵绵的，发飘，这是没有力道，力气尚欠缺的缘故。

"壮"，许慎《说文解字》解释为"大也。从士，爿声"。他在解释"士"时称："士，事也。数始于一，终于十，从一，从十。"就数字而言，"一"为始，"十"为终，从一到十，"大"了的意思。人长大了，有力气了，也可以做事了，所以"士者，事也"。"爿"者，床也。现在这个人"大"到了有一床之长，人到了三十岁，按《礼记》的说法，"有室"，娶了妻子，有了自己单独的房间，有了自己单独的床，所以这叫"壮"。

"强"，在古代有两种写法，一个是"强"，一个是"彊"，前者指的是一种虫子的名称，后来假借为强弱之"彊"后，"彊"字也渐渐废弃了。许慎《说文解字》称："彊，弓有力也。从弓，畺声。""畺"者，字从三，从畕，畕亦声。"畕"的意思是成片农田、农田比邻；"三"指的是众多。一把弓箭能越过众多成片成片的农田，所以"弓有力也"，引申为人气力强、智力也强。

"艾"，许慎《说文解字》解释为"冰台也。从艸，乂声"。冰台是艾草的一种别称。艾，为多年生草本植物，植株有浓烈香气。除了别称叫冰台外，还有艾蒿、白蒿、医草、甜艾、灸草、黄草、海艾、白艾、蕲艾、阿及艾、家艾、艾叶、陈艾、大叶艾、祁艾、大艾、艾绒等不同称谓。明朝李时珍《本草纲目》记载："二月宿根生苗成丛，其茎直生，白色，高四五尺。其叶四布，状如蒿，分为五尖，丫上复有小尖，面青背白，有茸而柔浓。七、八月，叶间出穗如车前穗，细

70

耆　　　老　　　耄　　　颐　　　孝

花，结实累累盈枝，中有细子，霜后始枯。"又云："老人丹田气弱，脐腹畏冷者，以熟艾入布袋兜其脐腹，妙不可言。"在古代，艾草遍布，随处可见，因为它的茎呈白色，它的叶"面青背白"，像一个人年过半百后的毛发，缕缕青丝的背后已泛着白，所以古人把五十岁叫作"艾"。或者正如孔子所说的"及至老矣，血气既衰"，需要益气、补气，而艾草最突出的功效便是益气、补气，所以把处在"血气既衰"年龄段的五十岁称之为"艾"。又或者，因为人一旦年岁大了，丹田气弱、气短，说起话来难免常常长吁短叹，"哎"字为拟声字，声同"艾"，所以才把五十岁称之为"艾"。

"耆"，许慎《说文解字》解释为"老也，从老省，旨声"。王筠《说文句读》一书中称，可能许慎错以为上面是"老"字的省笔，下面是"旨"。应该是上面一个"老"字，下面一个"日"字。从字形结构看，一个人年纪大了，老了，犹如"日之夕矣"，像缓缓落下的太阳。就如同"日"在地平线上，叫"旦"；"日"在人的头上，叫"早"；"日"下来了，叫"昏"。

"老"，许慎《说文解字》解释为"考也。七十曰老。从人、毛、匕。言须发变白也"。无论从"老"字或者"考"字的字形看，我们无法看出须发变白之形；"老"字从人、毛、匕，也无法体会须发变白之意。商承祚《殷虚文字类编》一书中称，"象老者倚杖之形"，此说法应该符合实情。甲骨文中"象老者倚杖之形"的不仅仅是"老"字，还有"考"字、"长"字，所以，"老"者，常释为"考"，也有"长老"连用作为特定名词的。《礼记》上说："五十杖于家，六十杖于乡，七十杖于国，八十杖于朝。"手中的拐杖，可以说是年老的人的一个醒目的标志。也正因为如此，南朝刘宋时期的历史学家范晔编撰的《后汉书》中称："仲秋之月，县道皆案户比民。年始七十者，授之以玉杖，哺之糜粥。八十九十，礼有加赐。玉杖长九尺，端以鸠鸟为饰。"说的是每年到了仲秋之月，地方官府都要整理户籍，统计人口。凡是年七十的老人，由官府赠送玉杖一根，要举行赐赏可口精美米粥的仪式。年纪在八九十的老人，赠礼更多。玉杖一般长九尺，头上饰有鸠鸟之形。鸠鸟，应该指的是鱼鹰之类，有进食不噎之特性，玉杖上雕饰此物，是希望上了年纪的人进食顺当。

"耄"，从老，毛声。意思是年老、高龄。一个人在年轻的时候，因为生命力旺盛，在各种营养的滋润下，人的头发乌黑有光泽，不论是梳头还是束发，头发总是能顺滑、服帖。但到了年老的时候，头发往往斑白、干枯、蓬松，卷如飞蓬，纷乱不堪。所以，八九十岁叫作"耄"。

"颐"，许慎《说文解字》的解释较为含糊，称在篆文中没有右边的"页"，就只有左边的字形，意思是"颐也"。"颐"同"颔"，指的是人体的一个部位，即颈上方、下颌下方的柔软处。"颔"在古代主要有两个层面的意思，一是《释名》一书中解释的"颐，含也，口含物之车也"；又称"颐，或曰颔车"，其中的"车"是牙床之意。二是点头的意思，引申为摇动，如"颔颐"，就是动动腮帮子；成语"颐指气使"，意思就是不说话，只用面部表情来示意，常形容有权势者指挥别人的傲慢神气。综合来看，之所以把百岁老人称为"期颐"，意思是到了这个年纪，或许已经不能说话了，也基本失去了生活自理能力，他用手指指腮帮子，想着别人喂他进食；很多生活上的事，也只能靠着面部表情来示意了。也就是说，期颐，即等着由他人供养的意思。

那么，上述那么多的汉字与"孝"字又有什么关联呢？

"孝"字未见于殷商甲骨卜辞，但在殷商金文里时有出现，到周代金文里已是一个常见字了。许慎《说文解字》解释为"善事父母者。从老省，从子，子承老也"。许慎把"孝"看作是会意字是正确的，但他说"从老省"，可能错了。因为无论是商代晚期的金文，还是西周金文，"孝"的字形中"老"的那个部分是完整的，或像驼背长发老人之形，或像老人扶杖之形。"从子，子承老也。"许慎道出了"孝"字造文的本义所在，从老从子,以见子息承养老人之意。由此本义再引申出孝敬父母,即所谓"善事父母者"。

人的一生,从"幼"开始,经"弱""壮"到"强",从生理角度上来看,走的是上坡路。但年过半百后,身体逐渐地衰老下去,两鬓斑白,体弱多病,背也驼了,四肢无力,只能扶着案几而立,拄着拐杖走路了,到最后,连话也不会说了,只能动动腮帮子靠人喂食供养。如若生活中没有子息在一旁关心、照料,老何以安?情何以堪?

(二) 再说说"行孝"

所谓"行孝",即遵行孝道,也就是根据自身家庭的实际情况,去尽作为孝子应尽的义务,用自己的实际行动来体现自己的这份对父母的孝心。

《孝经》上说:"孝子之事亲也,居则致其敬,养则致其乐,病则致其忧,丧则致其哀,祭则致其严,五者备也,然后能事其亲。"作为孝子,在侍奉父母亲的事情上,日常家居生活,要时时处处竭尽对父母的恭敬;照料父母饮食时,要能和颜悦色,耐心、细心而周全;父母生了病,要带着忧虑的心情去护

理;父母去世了,要有发自内心的悲伤料理后事;对先人的祭祀,要严肃对待,讲究礼法。这五方面做得完备而周到了,这才可以说对父母尽到了子女的责任。

二、百善孝为先

大约成书于秦汉之际的《孝经》,按清代纪晓岚《四库全书总目》所言,是孔子"七十子之徒之遗言",书中借孔子之口,称"夫孝,德之本也,教之所由生也";又称"夫孝,天之经也,地之义也,民之行也"。把"孝"看成一切道德的基础,是天经地义的事情。早在《国语》一书中,便有"孝,文之本也"的说法,三国时韦昭注"文"为"经纬天地",也就是说,孝是人类所有活动的基石。《礼记》一书借曾子之口称"众之本教曰孝",同样说的是孝乃众行之根本。

中国古代所倡导的"八德",即孝、悌、忠、信、礼、义、廉、耻,其中"孝"列于第一位,所谓"百善孝为先"。

那么,为什么古人要说"百善孝为先"呢?

（一）孝是修身之本

修身，即修养身心。一修其德，二修其智。修德以通人情，修智以明事理。所以，修身，不外乎情理二字。父母对你有养育之恩，感恩之心不能没有，报恩之行不能不为，这是最基本的人情。人的一生，总要历经生、老、病、死几个阶段。人老了，机体功能逐渐退化、丧失，以至于生活无法自理，需要子女照顾；人老了，逐渐地也远离了社会生活，内心难免寂寞、孤独，需要子女多加关心；总有一天，自己也会渐渐老去，同样渴望子女能效法自己。这是最基本的事理。

司马迁《史记》中谈到屈原一生遭际时写道："夫天者，人之始也；父母者，人之本也。人穷则反本，故劳苦倦极，未尝不呼天也；疾痛惨怛，未尝不呼父母也。"意思是说，有了天，才有地；有了地，才有我们人类。而作为生命的个体，则来自父母。一个人在遭遇绝境的时候，都会本能地想起天、想起父母来。所以，我们在劳累疲倦的时候，没有不呼喊上天的；我们在身体病痛和内心悲伤的时候，没有不呼喊父母的。

（二）孝是齐家之本

"齐家"一词在当下中国，一般人没有多少概念，大抵是因为我们现在的家庭结构越来越简化了的缘故。但在古代，四代同堂、五世同堂的大家庭比比皆是，更有让现代人无法想象的，如浙江浦江感德乡仁义里（今浦江县郑宅镇）的郑氏家族，据史料记载，从北宋建炎初年（1127）开始就累世同居，同灶而食，人口最多时达三千，其中一支维持了十九世，跨越宋、元、明三代，凡三百余年。明洪武十八年（1385）朱元璋赐封其为"江南第一家"。郑家历来以孝义著称，明建文帝曾御书"孝义家"赐之，时称义门郑氏，又名"郑义门"。像这样的大家庭，俨然便是个小社会，父子关系、兄弟关系、夫妻关系、婆媳关系、妯娌关系、主仆关系，纷繁复杂，家庭事务，里里外外、大大小小、长长短短，应有尽有，齐家之道便特别紧要了。

齐家，事实上不外乎两个层面，一是和睦，二是兴旺。这么多人生活在一起，要能和睦相处，齐心协力，孝是基础；同样地，家中子息或勤于家业，俭以持家，或潜心求学，博取功名，也离不开孝的教育。《孝

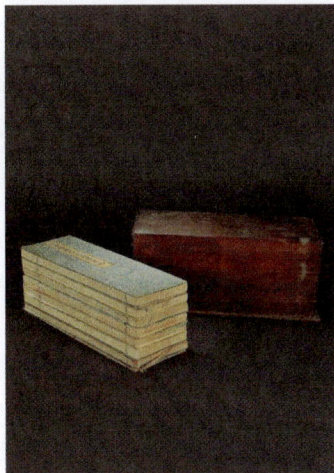

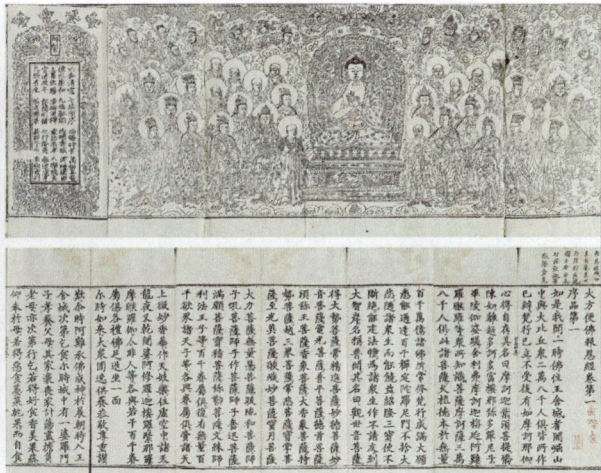

[清]《大方便佛报恩经》局部

经》有曰："立身行道，扬名于后世，以显父母，孝之终也。"说的是人生在世，去追求真理、主张正义，能有所建树，显扬名声于后世，从而使父母欣慰，备感荣耀，这是孝的终极目标。王夫子在《船山遗书姜斋文集补遗》一书中称"孝友之风坠，则家必不长"，说的也是这个道理。

（三）孝是治国之本

自古以来，历代众多帝王倡导以孝治国，并为世作则，垂范于民。

二十四孝之一的"亲尝汤药"故事讲的就是汉文帝行孝。唐欧阳询等编修的《艺文类聚》引《汉书》称：

文帝母薄太后疾，文帝侍养数年，衣不解带，亲供粢盛，坐罪不及父母，下哀矜之诏。

说的是汉文帝刘恒的生母薄太后生病期间，文帝在病床前侍养了很多年，常常衣不解带，彻夜不眠。后世又传称，母亲所服的汤药，他都要亲口尝过后才放心让母亲服用。母亲过世后，他在太庙亲自献上祭品，并下诏书体恤天下所有为人父母者。

唐代统治者同样推重孝道，早在唐高祖时有雍州万年（今陕西西安）人宋兴贵，因累世同居，躬耕致养，到宋兴贵已经有四代堂房亲族，唐高祖听说后下诏嘉奖，在《表孝友诏书》中称："民禀无常，仁义贵重，士有百行，孝敬为先。自古先王，经邦济世，设教垂范。"

唐太宗也称："孝者善事国家，忠于君主，显亲扬名，此谓之孝。"唐政府还时不时给全国老人赐予扶身用的"几杖"、有名无实的"官爵"，比如唐玄宗时颁布的《赐高年几杖诏》称："古之为政，先于尚老。居则致养，礼传三代；行则就见，制问百年。"在"居则致养"上，政府给无人孝养的老人配备侍丁，专人照顾；皇帝每次巡幸，要去看望当地的老人，亲自问问他们的年纪。同时，在法律上对实施孝道加以保障，如《唐律疏议》规定，"祖父母、父母老疾无侍，委亲之官"判处徒刑一年。家中祖父母、父母生病了，在无人照料的情况下，为官的子孙需要回家照顾，对解官充侍的官员，政府给予一半的俸禄，等等。

治国之政，一为国泰，二为民安。国家遭遇外敌入侵，或内乱纷争，一个受孝道熏染的孝子，常常会抱着国不宁则无以家安的信念，奔赴前线，保家卫国；一个受孝道熏染的孝子，一旦走上仕途，也总能自觉地去践行使老者安之、朋友信之、少者怀之的远大理想。这正如《论语》中有子所说的："其为人也孝悌，而好犯上者，鲜矣。不好犯上，而好

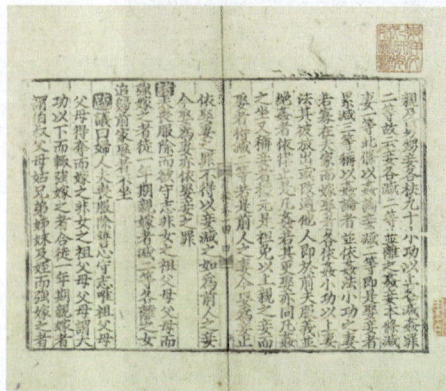

《唐律疏议》局部

作乱者，未之有也。"一个人孝敬父母，尊重兄长，而喜欢冒犯长辈或长官的，很少很少；他不喜欢冒犯长辈或者长官，却又喜欢造反作乱的，从来就没有听说过、见到过。或许这便是以孝治国的一个重要原因之一。

（四）孝是平天下之本

古人所说的"天下"是据周天子时而言的，那是分封的诸侯领地，称"国"，而周天子掌管的，称"天下"。我们这里所说的"天下"，不妨视作当今所言的"世界"。

要想天下太平，人子之孝，还是基础。

儒家思想讲究一个"推"字，提倡"推己及人"。譬如，你不喜欢某件事，你不能硬生生让人家去喜欢，所谓"己所不欲，勿施于

《二十四孝图》节选

人"，因为你自己不喜欢，推己及人，人家可能也不喜欢，硬要人家喜欢，这就强人所难了。孝道也是如此，你在家能做到孝敬父母，友爱兄长，那么势必也能如孟子所说的"老吾老以及人之老，幼吾幼以及人之幼"，这样，这份对父母的孝敬之情，这份对兄长的友爱之情，这份对幼童的顾念之情，便像涟漪般扩散开去，不仅会和睦九族，以亲乡里，而且人们会自觉地以君为父而忠君，以民为本而爱民，以师为父而尊师，以长老为父兄而敬老尊长，由追孝祖宗而爱国家、爱天下，等等。如果全天下的人都能做到"亲亲""敬长"，那么天下太平、世界大同的理想愿景也就在眼前了。

清代王永彬著有《围炉夜话》，此书与《菜根谭》《小窗幽记》一起，曾被人称作"处世三大奇书"，其中有称"百善孝为先，万恶淫为源。常存仁孝心，则天下凡不可为者皆不忍为，所以孝居百行之先；一起邪淫念，则生平极不欲为者皆不难为，所以淫是万恶之首"。一个人胸中常怀着仁孝之心，那么天下任何不能做的事，都不会忍心去做，所以称"百善孝为先"；一个人心中一旦起了淫恶之念，那么他生平哪怕很不愿意去做的事，也便不难做了，所以称"淫为万恶源"。

第十章

行孝（下）

XING XIAO
(XIA)

清朝康熙年间，统治者为了国家的长治久安，极力推崇儒家的治国理念，倡导修读四书五经。当时有位屡试不中的秀才李毓秀，办私塾，撰有《训蒙文》一书，后经乾隆朝学者贾存仁修订，更名为《弟子规》付梓行世。

《弟子规》第一部分所谈的便是行孝，三字一句，总共七十六句。归纳起来，书中关于行孝有以下几个层面：

一、敬亲、奉养

（一）敬亲

"父母呼，应勿缓；父母命，行勿懒。父母教，须敬听；父母责，须顺承。"

意思都能明白，但真正做到不容易。

父母亲一般没有事，是不会叫唤你的。叫唤你了，肯定是有事。尤其是当父母年纪大了，叫唤的声音也不够响亮了，或者父母在内室的病床上有气无力地叫唤，或者父母跌倒在室外的水井旁叫唤，你听到了，立马应答，有时即使是隐隐约约感觉好像有叫唤声，也要毫不犹豫地赶过去看看，关键是你心里要有父母亲，心里要装着一个"敬"字。

父母亲也会让你去做一些事，有时是想锻炼锻炼你，有时则是他们力不从心，让你帮着去做，你千万不要偷懒，或嘴里应了，迟迟不见行动；或能拖就拖，非得要等到父母亲催促；或者投机取巧，敷衍了事；或寻找借口，推三阻四。

大凡天下的父母都有这样的习惯，在孩子每经历一事后，总会引导孩子回顾一番，体会一番，希望孩子能从中长一份见识，获取一份智慧。面对父母的教诲，你一定要恭恭敬敬地听取。当然，如果父母年纪大了，有时说起来会不断重复，昨天刚刚说过的话，今天又说了一遍，你要像是第一次听到一般。而且，心里默默地想，父母再三说起，肯定是在父母看来很重要的事；心里还要默默地想，父母真的年纪大了，记忆力差了，我今后做事定叫他们省心一些才是。

有时候自己做错了事，有时候自己做事欠周全，有时候自己做事跟父母的期望有差距，引来父母的责备、责罚、责打，一定要默默地接受。俗话说，打是亲，骂是爱。要知道，天下哪个父母喜欢责罚自己的孩子啊？等你有一天也有了孩子，你就会体会到，骂孩子、罚孩子、打孩子，是一件多么不容易的事，是一件多么揪心的事。有时候，被骂被罚被打的孩子倒没事，而自己却已经泪流满面了。当然，也有这样的情况，或者父母亲错怪了你、误会了你；或者父母亲心里有事，拿你出气。面对这样的责骂、责罚、责打，也不妨先默默地接受。等以后适当的时候再解释、再澄清。

（二）奉养

"冬则温，夏则凊；晨则省，昏则定。出必告，反必面；居有常，业无变。"

前四句是化用《礼记》上的话："凡为人子之礼，冬温而夏凊，昏定而晨省。"冬天天寒，父母亲年纪大了，气血也弱，身体本身很难暖起来，有的老人患上了老寒腿，睡一个晚上，两腿还是冷冰冰的。腿一寒，常常免不了要抽筋，看看他们小腿上的静脉曲张症状就一目了然。所以，做孩子的，要确保父母亲的居所、他们睡觉的床暖和。有的老人喜欢忍，会熬，或者他们怕花钱，怕麻烦孩子，也就这样将就着。你做孩子的，要去关心，要

《麻姑献寿》

去解决这些问题。

"夏则清"，也是一样，大热天的，尽量让父母亲活动的地方、睡觉的地方变得凉快一些。老人睡眠本来就差，天一热，更不易入睡，翻来覆去折腾一宿，第二天精神就更不济了。

一大早起床，第一件事就是跑到父母亲那边，去问个安。问问昨晚是不是睡得还好，问问今天感觉身体状况如何。有的上了年纪的老人，常常会感慨，今晚睡下去，不知道明天还能不能起来。所以，一大早去问安，很是必要。

父母亲上床早一些，天一黑，就坐不住了，要到床上去躺下。做孩子的，每天黄昏的时候，到父母亲房间走一走，在父母亲身边坐一坐，说一些贴心的话，说一些暖心的话，说一些让父母亲放心、安心的话。你这些话，有时比安眠药还管用。老人一到夜里，躺到床上，容易多想，尤其是刚刚退休的老人，或者前不久丧偶的老人，或者家庭遭遇变故的老人，或者感觉到自己身体每况愈下的老人。要知道，老人在睡觉前，没见到孩子，或者没有孩子的音讯，会一直提着心的，过来走走、坐坐、聊聊，也可以让他们提着的心"定"下来。

孩子长大了，自然要出去做事，这也是父母亲所期望的。天下很少有想把孩子拴在身边的父母。但你一定要牢记的是，出门前，告诉父母亲一声，最好同时也告诉父母亲你要去哪里，大概什么时候回。因为你抬腿一出门，留给父母亲的是满心的牵挂，所谓"儿行千里母担忧"。孔子说：孝子"不远游，游必有方"。古时候的交通不像现在这样可以做到朝发夕至，一旦远游，可能几个月甚至几年不得团聚，加上一路上的种种凶险，也有可能这一去便阴阳相隔。所以，迫不得已非要远游，就一定要谋个周全。

从外面回到家，要在第一时间告知父母，让他们好放心、安心。有些人习惯不好，从外边回来了，还没到家，便上邻居那边串门了，或者跟朋友一起喝酒吃饭去了；也有的刚刚结婚，先跑到妻子那里温存去了。你要知道，因为你的迟迟不出现，母亲或许已经跑到村口老槐树底下四下里张望，父亲或许不顾年迈，摸黑去了邻村打探你的消息。

孩子成年了，结婚生子了，分门立户，不跟父母亲住在一起，这本身也是正常的事，有的父母心里可能一时会有些纠结，有的父母心里可能倒觉得宽慰，因为孩子终于可以独立面对生活了。但你住在哪里，要有个定所，要让父母亲心里有个底。一则，如果你居无定所，会让父母亲为你担心；二则，如果你居无定所，万一有个急事，也找不着你。

工作也是一样，不要今天做着这个行当，明天就换了个职业。父母亲都是过来人，他们懂得这个理，

那就是做事要有恒心，且不要说"三百六十行，行行出状元"，你在一个事上做扎实了，尽心尽力了，也能把事业做到极致。现在你这山望着那山高，频频更换工作，一是让父母亲担心你的处境；二是让父母亲担心你的心渐渐地变浮躁了。这里用了"无变"，"无变"不是一点都不能变，而是尽可能地少变。

二、慎行、几谏

（一）慎行

"事虽小，勿擅为；苟擅为，子道亏。物虽小，勿私藏；苟私藏，亲心伤。亲所好，力为具；亲所恶，谨为去。身有伤，贻亲忧；德有伤，贻亲羞。亲爱我，孝何难，亲憎我，孝方贤。"

一个人做事，有大事，有小事；有家务上的事，有工作上的事。有些人遇到大事会知会父母亲一声，做一些小事，常常就擅作主张，不告而做了。但在父母亲眼里，事是很难分大小的。有时候看上去是件小事，弄不好也会变成大事的。比如你想给父母亲买条冬天里取暖的电热毯，这看上去应该是小事，但你事前告诉父母一声，父母就会提

醒你，别忘了给你岳父岳母也买上一条。你这样做了，你妻子也高兴，你岳父岳母也高兴。如果你不告而买，刚刚把电热毯送进父母房间，妻子就给你脸色，向你埋怨，跟你赌气，小事变大事了，好事变坏事了。凡事跟父母知会一声，商量商量，倒不是全因为父母亲对你不信任、不放心，其实更主要的是，这是礼数，让父母亲觉得你心里有他们，你敬重他们；另外，也让父母亲觉得自己还不曾老，还有用，还能帮孩子出主意。

一家人住在一起过日子，一口锅里盛饭，一个碗里喝汤，需要的是这份融洽的氛围。而想要营建这份融洽，首先必须坦诚。今天你把值钱的物件藏到箱底，明天你把好吃的食物锁进橱里。你有了这份私心，便会盘算，便会计较，甚至于

你一旦有了这份私心，你的脸色、神情也会有变化，目光会闪烁不定，家人之间就会生分了，或因此失和了。其实，家里有什么，全家人都知道，尤其做父母亲的，心里跟明镜似的。你今天白天这一藏，你父母亲保证夜晚睡不踏实。

做孩子的人一定要明白这样一个事理，父母亲年纪大了，有时候会像一个小孩，执拗、任性。他今天说喜欢这个，你要尽一切可能去把它办到；他明天说不喜欢那个，你也要尽一切可能去做到。有时候，父母亲这样或那样要求你，做这个，不要那个，或许并不是出于他们内心深处真的喜欢或不喜欢，而是借此看看你是不是还在乎他们，是不是还敬重他们。当然，有一种情况下，他们会向你提一些在你看来完全不合情理的要求，这个时候你要

《祝寿图》

82

知道，或许这是他们人生心念已久的最后一个诉求，哪怕倾其全力，你也不能有半点含糊。

《礼记》里有这样的话，为人子者"不登高，不临深"，孝子"不服暗，不登危"。说的是为人子者，不要攀爬到高处，也不要站在深谷边上；作为孝子，不要在黑暗中做事，不要登临危险的地方。为什么要有那么多的讲究呢？就怕万一。万一你受伤了，甚至因此丧命了，你家中的父母情何以堪？怎么活？有人经常引孔子的那句话，即"身体发肤，受之父母，不敢毁伤，孝之始也"。做极端的理解，把自己说得好像是父母亲的私有财产似的，这未免也太把父母亲想得狭隘了。或许孔子仅仅是用切近之事来说一个道理而已，就像是一个比方。父母亲在乎的是你这个人，一个活生生的生命。其实，不管是你身上的外伤也好，你心里的苦痛也好，父母亲都是留意的，为你着急、为你担忧的。

当然，最让父母亲在意的，还是你的品德、你的作为。人品出了污点，所作所为让人不齿，这对于父母亲来说，是莫大的打击。一来他们多年的期望落了空，投进去的

时间、精力付诸东流；二来树活一张皮，人活一张脸，觉得没脸面见人，也没法向列祖列宗交代；三是他们会觉得自己教子无方，觉得在孩子的教育上自己无能、失败，他们会愧疚，会沮丧；四是这个孩子成了这副模样，担心家里别的孩子会不会看样，担心别的孩子出门会不会遭人歧视，被人看低。其实，以上这些还不是最主要的，最主要的是这个孩子今后怎么办？能不能改好？改好了，能不能重新被他人接受？

接下来的四句，似乎跟"慎行"没有什么关联，应该是对前面所说的各种孝心、孝行的一个小结，暂且搁在这里一起说了。

孝敬父母，有时容易，有时候，也真考验一个人。《弟子规》写到这里，仅仅给我们列举了一个维度的两种情况，即父母亲爱或者不爱自己。假如父母都深爱着自己，你能时刻感受到那份恩情，你孝敬父母，哪怕仅仅出于回报，的确做起来会觉得理所当然。但是，有的时候，可能缘于种种的因素，父母亲有所偏爱，刚好你不受待见，就像《左传》里记载的郑庄公，母亲姜氏生他的时候难产，差点丢了命，

姜氏也就一直排斥他。这种情况下，你能不计前嫌，或根本就没往心里去，甚至认定父母这样做也是为自己好，一如既往地孝敬父母，这才是了不起的孝。

（二）几谏

"亲有过，谏使更；怡吾色，柔吾声。谏不入，悦复谏；号泣随，挞无怨。"

大凡人总是会犯一些错误的，父母亲也一样。尽管一直以来，父母亲是孩子成长过程中的引路人，在众多孩子的心中，父母亲的形象是高大的、完美的，甚至于是神圣不可侵犯的。但随着孩子慢慢地长大，有了是非曲直的分辨能力，他也总能在父母亲身上发现种种的欠缺、不足和毛病。当一个孩子清楚地意识到父母亲的这样或那样的过失、过错的时候，做孩子的应该怎么办？那就要"谏"。

中国古代说起"谏"来，有一整套的理论，根据对象不同、情形不同、场合不同，需要采用不同的"谏"法。西汉刘向在《说苑》一书中，给我们列举了五种，即正谏、降谏、忠谏、戆谏、讽谏。正谏就是直言规劝；降谏要求和颜悦色、平心静气地进谏；忠谏即忠心规劝；戆谏便是鲁莽地、冒失地进谏；不直指其事，而用暗示、比喻的方法委婉地规劝，使其改正错误的，叫讽谏。后世有很多学者，都提及"五谏"，但各有其表。

那么，做孩子的怎么向父母亲进谏呢？根据《论语》里孔子的建议，一般要采用"几谏"。何谓"几谏"？有人根据《说文解字》"几，微也"的解释，认为几谏就是微谏；也有人进一步根据《说文解字》"微，隐行也"的解释，认为几谏就是隐蔽地规劝。我的理解是，几，案几也。几谏就是一家人隔着案几，坐下来，平心静气地规劝。到现在，我们还经常说，有话放在桌面上说，这个"桌面"就相当于"几"。孩子把自己的感受、想法、判断说给父母亲听，希望父母亲也能感受到这一点，意识到自己的过失、过错，从而改正过来。但父母亲毕竟是一家之主，他们会有意识或无意识地去维护自己在家里的权威，所以，你在规劝的时候，一定要和颜悦色，也要注意说话的语气、语调。

其实，一般通情达理的父母亲总是能注意倾听孩子的意见的，事实上，当父母亲听到孩子指出了自己的过失、过错的时候，或许内心深处会感到欣慰，孩子终于长大了。为了孩子有个"知错就改"的好榜样，父母亲或许也是乐意去正视自己身上的毛病，并加以改正的。但很多事情缘于人生的价值观，或者缘于多年来形成的习惯，又或许缘于当时的情势，不是你今天向我指出了，我立马就改正了，你要给父母亲一定的时间。

"谏不入"有两个方面的意思，一个是父母亲当时就答应要改，你也等了一段时间了，发现他们还是犯同样的过，你的谏言只是"入"了他们的耳朵，但没有"入"他们的心里，更没有"入"他们的行动上。另一个是他们在你规劝的当时就拒绝了你，而且以各种理由为自己辩解。"悦复谏"，等到合适的时间，你再一次和颜悦色地规劝。既然你认准了这是父母亲的过失、过错，你不希望父母亲一而再再而三地错下去，更希望父母亲在年老的时候能有个无怨无悔、无疚无愧的敞亮人生，身为人子，你不能放弃。

为了父母亲能改正错误，作为孩子，你有许许多多的办法，其中最便捷、最有效的，便是"哭"。眼泪是什么？眼泪是有灵魂的水，它能软化一切，澄清一切。你这么

一哭，会让父母亲揪心，也会让父母亲勾起过去岁月的很多很多往事。"孩子都哭成这样了，他爸，你就改了吧。""孩子三岁之后就没见他再哭过，他爸，这事还真是你不对，就依了孩子吧。"

当然，遇到不通情达理的父母亲，你的规劝有时可能会激起他们的愤怒，甚至招来一顿暴打，你需要有这样的心理准备，即使真的挨了打，不必气馁，也不必心生怨恨，相信那样一句话，精诚所至，金石为开。

三、侍疾、善终

（一）侍疾

"亲有疾，药先尝；昼夜侍，不离床。"

现在有的新婚夫妇，妻子还没有身孕，就急着去书店购买如何育儿一类的图书。其实，作为一个孝子，同样地，在父母亲身体还健康的时候，就要有意识地去关注一些医学常识，譬如，什么样的年龄段会得什么样的常见病，上了年纪的人常得什么样的病，大多有什么样的症状之类。一旦父母亲生病了，即刻就医，一点都不能耽误。古时

候看病，大多在家里治疗，吃药也都是中草药，尤其以汤药为主。给病人煎好了药，在伺候病人服药前，先尝一尝药，看看是不是太烫，或者太凉了。就像育儿父母，给孩子泡奶粉，在喂孩子之前要用奶瓶滴几滴在手背上，看看温度是不是合适。当然，尝一尝药的苦涩，子女也能更进一步地去体会病床上的父母亲的苦处，可以不断地提醒自己需要更多的温心、细心、耐心去照顾父母亲。同时也让父母亲感到孩子做事的周全，能让父母亲宽心，并激起父母亲希望病早一些好的信心。

生病在床的人，最怕孤单。孤零零地一个人躺在病床上，最容易多想，而且常常会往坏处想。其实很多人病情加重，跟心境越来越差多少也有关系。所以，做孩子的要日夜守护在床边，人在心也要在，刻刻留意，时时安抚。想想自己小时候，父母亲也总是全神贯注地照顾自己，那时人小体弱，时不时患病，上医院打针挂点滴，父母亲也常常彻夜未眠。

（二）善终

"丧三年，常悲咽；居处变，

［清］《顾绣觅药图》

酒肉绝。丧尽礼，祭尽诚；事死者，如事生。"

古时候的人，特别看重"善终"，有很多的要求，有很多的礼数。父母亲过世了，要服丧三年。为什么叫"服丧"？因为要在规定的时间内穿上丧服，所以才叫"服丧"。

丧服按亲疏远近，从重到轻，依次分为斩衰、齐衰、大功、小功、缌麻五种，也叫"五服"。做儿子的，所用的便是斩衰，用粗麻布制作，不能锁边，常常是随手裁取几块，胡乱拼凑缝合在一起，一穿就是三年。当然，也不是实足三年整，按礼制，是二十七个月，两头算横跨三年，这也是一个孩子从呱呱坠地到断奶的时间。

服丧，后世也叫"丁忧"。"丁"，按《尔雅》的解释，是遭逢、遇到的意思；"忧"，按《尚书》里的说法，即居丧也。丁忧期间，通常的做法是在父母的坟边，搭一个茅草屋，或者就近找个能遮风避雨的山洞住下，吃睡都在里面，不喝酒，不吃荤腥食物，不洗澡，不剃头，不更衣，不听丝竹管乐。因为这样的生活要维持较长的时间，要能"守"，所以"丁忧"也常常叫"守丁忧"，也叫"守制"。在古代，服丧期间是不能做官的，哪怕你已经是朝廷的高官，也要辞官回去，否则的话，一旦被人揭发，是要受法律惩处的。除非遇上特殊情况，朝廷非要在这个时候起用你，那叫"夺情"。其实，"丁忧"两字，更合乎字面的解释，是一个为人子

的男丁，在居丧期间的忧伤。"忧"，是这三年的总基调。

诚然，很多富贵人家的孩子，从小养尊处优，往往是吃不起这苦的。怎么办？比如家住长安城，在长安的自己家中守丁忧，是要被人指指点点的。于是就跑到离长安不远的终南山去，那里有自家的别墅。社会上也有的人，看到朝廷推崇孝道，为了博一个孝子的美名，干脆把父母的坟做大一些，自己就住在坟里面。据《后汉书》记载，东汉末年乐安郡（今山东滨州市）有个叫赵宣的人"行服二十余年"，以墓道为居室，结果他的事迹便传开了，"乡邑称孝，州郡数礼请之"。当时郡太守陈蕃听到他的模范事迹后，亲临访问，方知这个赵宣沽名钓誉，弄虚作假，"寝宿冢藏"，居然在服丧期间生了五个孩子，不仅不给予褒奖，反过来治了他的罪。

古时候，丧有丧礼，祭有祭礼。规定好了的程序，众多的环节，烦琐的礼数，你都要做到位了，而且还要流露出真情实意来，不是走过场，更不是"演戏"。对待已经过世了的父母亲，面对一座青冢也好，面对一块牌位也好，面对一幅遗像也好，宛如父母就在跟前。

第十一章

知礼

ZHILI

一、什么是礼

　　许慎《说文解字》上称："礼，履也。所以事神致福也。从示，从豊，豊亦声。"看上去有点不明所以。于是，我们再查一查"履"，许慎是这么解释的："足所依也。从尸从彳从夂，舟象履形。一曰尸声。凡履之属皆从履。"还是一头雾水。于是我们再查《尔雅》："履，礼也。"其注称："礼可以履行。"查《释名》一书："履，饰足以为礼也。"越解释越糊涂。

　　中国古人造这个"礼（禮）"字的时候，到底是什么意思呢？

　　先说左边的"礻"字旁。

　　"礻"字旁单独作为一个汉字时，写成"示"，许慎有这样的解释，"天垂象，见吉凶，所以示人也。从二，三垂，日、月、星也。观乎天文以察时变，示，神事也。"学者邹晓丽认为上面的一短一长，表示天，下面呈放射状的三竖不是日、月、星，而是指一切自然现象；郭沫若先生解释为"盖示之初意，本即生殖神之偶象也"；胡光炜先生说"盖象木表所以代神"；后来唐兰、陈梦家、赵诚等先生都认为，"示"之本义乃表示宗庙内设立的祖先神主，即为祖先神的象征物。

我们知道，中国的汉字是世界各民族、各地区唯一还在被使用的象形文字，也是最为古老的文字之一。在造字的规则中，尤其是"象形""会意""指事"三种，有一个共同的特点，那就是可解性，也就是一看字形，便很容易看出它的含义来。特别是象形字，本身就是古人根据所看到的某个物件、景象，用简单的线条加以描摹出来的图画。"示"就是一个象形字。按许慎的说法，是"天垂象"，即天空中出现的某一种景象。上面的一短一长，像是在遥远的天际远距离以平视角度看到的类似于飞碟状的飞行器；下面呈放射状的三竖，也就是飞行器上射向地面的强烈的光柱。中国古代的先民把乘坐在这种飞行器中的智慧生物，既称之为"神"，也称之为"帝"，同时还认定这些一度活跃在地球上的智慧生物，是我们地球人类的"祖"。

正是基于这样的认知，面对来无影去无踪的智慧生物，古代先民内心总是充满着虔诚、恭敬和期待，有时候他们也会害怕，诚惶诚恐。于是我们看到了一系列"礻"字旁的汉字，譬如"福""祉""祥""祺""祐""禄""祸"等，当时的先民为了表达他们对那些智慧生物的敬意，也为了希望能给他们带来种种的好处，于是就有了"祭""祀""禘"等这样的仪式活动，有了举行这类活动的特定场所，如"宗""祠""社"，仪式活动中，他们虔诚地"祈""祷"，也有了组织安排这些活动的专职司仪，叫作"祝"，这样的活动一代代相传，人们把活动中所形成的种种程序、环节以及各种要求，称之为"礼"。

正如王充在《论衡》一书中所说，"上古久远，其事暗昧，故经不载而师不说也。"后世的人们不了解上古先民祭拜的实情，以为仅仅是膜拜各种并不存在的虚构的神祇或推崇各自宗族的先祖而已。

再来看看"礼（禮）"字右边的"豊"。

按照许慎在《说文解字》里的说法："豊，行礼之器也。从豆，象形。凡豊之属皆从豊。读与礼同。"许慎似乎单单从小篆字形上把"豊"的下半部看成是"豆"。事实上，我们考察殷商时期甲骨卜辞上"豊"

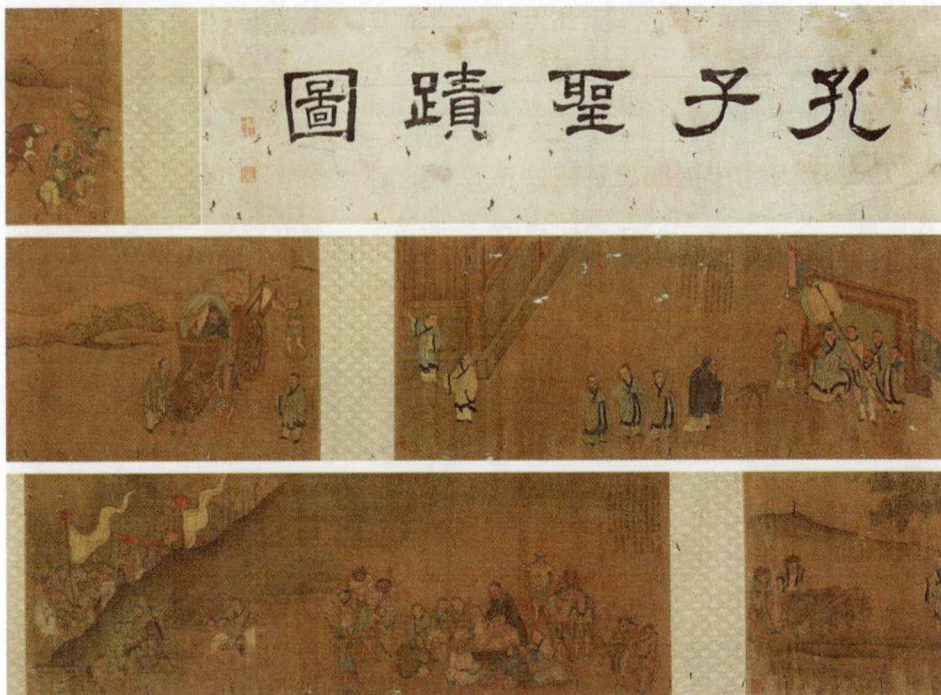

《孔子圣迹图》

的字形，不难发现，上半部外围的"凵"盛放各种诸如麦穗、谷穗一类或是牛头、羊头一类的物品。下半部为"豆"，是"鼓"字的象形初文，也就是《礼记》一书中常常提到的"土鼓"一类，上古时代祭祀活动中多敲击土鼓以敬奉神灵，土鼓也因此成为祭祀的法器。

所以，什么是"礼"？从汉字的字形中，我们可以描述为以一种极度虔诚、恭敬而又充满期待的心，敲击着土鼓，献上丰盛的食物祭品的活动、仪式。

自古以来，我们常常自称"礼仪之邦"，推崇"以礼相待"，讲究"礼尚往来"；身为统治者，常常"礼贤下士"，书香门第，自诩"诗礼之家"，有钱人家，期盼着"富而好礼"；做人，不做"轻薄无礼"的登徒子，不做"傲慢无礼"的莽汉，要做"彬彬有礼"的君子；有时候我们也厌烦各种"小节苛礼""繁文缛礼"，但一想到"礼多人不怪"，也就自觉地"晨参暮礼"起来；因为我们知道，"礼禁未然""礼顺人情"，生活中一旦"礼崩乐坏"，那么，必然会导致"礼失则昏""多行无礼必自及"，到时候哪怕你再

90

虔诚地"焚香礼拜"，也只能落得个"鹅存礼废"的结局。

中国古代的礼法、礼制、礼节、礼仪，由于是在相当长的时间里不断累积起来的一些做法，加上还有很多是因俗制礼，即根据地方的风俗加以规范所演变成的礼，名目繁多，也很杂乱，甚至相互间有矛盾的现象。所以，哪怕像孔子这样学识渊博的人，对于古礼也常常吃不准，摸不透，还要向时任周天子守藏室之史的老子问礼。《论语》中也时不时有孔子学生或各国君王、官员来向孔子问礼的。

或许是楚霸王项羽一把大火烧了秦皇宫同时焚毁了大量古籍文献的缘故，古代记载有关礼的书籍很少传下来，汉初时仅发现一部叫《士礼》的古籍，今天我们称之为《仪礼》，据说当时只有鲁地的高堂生能读懂，高堂生后来把他有关礼的学问传给了一个叫后仓的学生。后仓后来收了戴德、戴圣等学生，他们学得很用心，做了很多笔记，因为戴德是戴圣的叔叔，他的笔记材料叫《大戴礼》，戴圣的笔记材料，叫《小戴礼》，后世也叫作《礼记》。

西汉末年的时候，刘向曾出任领校秘书，也就是领着一帮人去整理、校对收藏在皇宫里的古籍文献，他意外地发现了一本叫《周礼》的书。

所以，我们今天说古人的礼法、礼制、礼节、礼仪，主要记录在上面提到的三部书里，即《周礼》《仪礼》和《礼记》。《周礼》主要侧重于政治制度；《仪礼》主要从人生的生、死、嫁、娶等层面描述相应的礼节、仪式；《礼记》着重论说礼的原则、作用。

二、社会生活中的一些常见礼

《论语》里记录着这样一则小故事，有一天孔子的弟子陈亢问孔子的儿子孔鲤说，你有没有从你父亲那里听到过一些特别的教诲啊？孔鲤回答道，也没有听到什么特别的教诲：

尝独立，鲤趋而过庭。曰："学诗乎？"对曰："未也。""不学诗，无以言。"鲤退而学诗。他日又独立，鲤趋而过庭。曰："学礼乎？"对曰："未也。""不学礼，无以立。"鲤退而学礼。闻斯二者。

～～～～～～～～～～～～～～～～～～～

说的是曾经有一次父亲一个人在大堂上站着，我快步走过的时候，父亲把我叫住了，问我学《诗》了吗？我说没有。父亲就说，一个人如果不学《诗》，那他怎么能够跟人说话？于是我便埋头学《诗》。后来有一天父亲又独自一个人站在大堂上，我刚好又快步走过，父亲还是把我给叫住了，问我学《礼》了吗？我回答说，没有。父亲便说，一个人不学《礼》，拿什么在社会上安身立命？于是我也就尝试着去学《礼》。孔鲤接着说，你问我有没有从我父亲那里听到过一些特别的教诲，现在想起来好像也就这两点了。陈亢听罢内心十分感慨、十分欣慰，说道，没想到我问了一个问题，却意外得到这样的三个收获，一是关于《诗》，一是关于《礼》，还有就是君子教儿子与教弟子没有厚此薄彼啊。

"不学《礼》，无以立。"在孔子看来，"礼"是一个人安身立命、行走天下最基本的条件。它已然渗透到社会生活的各个层面。"礼之用，和为贵。""礼"成了一个

人"和气"、人与人之间"和睦"、社会生活"和谐"，乃至整个天下"和平"的一个有力的工具。

因为古代礼制繁复庞杂，下面仅就社会生活中的一些常见礼做一简单介绍。

东汉桓谭《新论》记载：

～～～～～～～～～～～～～～～～～～～

昔楚灵王骄逸轻下，简贤务鬼，信巫祝之道，斋戒洁鲜以祀上帝，礼群神，躬执羽绂，起舞坛前。吴人来攻，其国人告急，而灵王鼓舞自若，顾应之曰："寡人方祭上帝，乐明神，当蒙福佑焉。不敢赴救。"而吴兵遂至，俘获其太子及后姬以下。甚可伤。

～～～～～～～～～～～～～～～～～～～

古时候的楚地，巫风劲吹，淫祀泛滥，这样的风气也一度弥漫进了王宫里。楚灵王骄奢淫逸，简慢属下，疏远贤臣，信奉鬼神。在举办各种祭祀仪式时，常常亲自上阵。当时恰逢吴国人打了过来，手下前来禀报，陈述排兵御敌之计，但楚灵王却不以为然，认为自己虔诚祭祀各路神明，神明理当能保佑自己，结果吴兵杀将过来，俘虏了太子与后宫众多妃子。

按《周礼》的说法，古时候"天神称祀，地祇称祭，宗庙称享"，也就是祭祀天上的神灵，叫作"祀"；

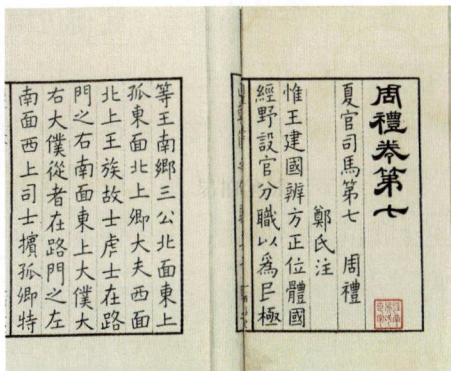
《周礼》局部

祭祀地上的神灵，叫作"祭"；祭祀宗庙里的各位先祖，叫作"享"。"淫祀"指的是不合礼制的祭祀，或指不当祭的祭祀，也即妄滥之祭祀。包括超越了名分、规格的祭祀与并没有列入祭祀神灵名录的祭祀两种。《礼记》上说："非其所祭而祭之，名曰淫祀。淫祀无福。"

西晋史学家司马彪在他的《续汉书·祭祀志》中记载道：

县邑常以立春之日，皆青幡青帻，迎春于郭外。令一童男帽青巾衣，先在郭外，迎春者至自野中，出迎者拜之而还。

说的是县和县以下的地方官员常常在一年的立春之日，手里举着青幡，身上穿着青色的衣服，去郊外举办迎春的仪式。往往先让一个小男孩戴上青色的帽子，着青色的衣服，先站在郊外的旷野上，众多官员来到小男孩所站的地方，一一叩拜后回来。

古代有"五祀"的做法，其中的一种表述即祭祀五行之神。东方木神称句芒，南方火神称祝融，西方金神称蓐收，北方水神称玄冥，中间土神称后土。所以，每到一年的立春之日，不论是中央朝廷，还是地方官府，抑或是民间，都要举行相应的迎春仪式，东方属木，主青色，所以都身着青色的衣服在东郊旷野上迎接春天的气息。延至后世，仪式上又有了鞭春劝农的习俗。

北宋李昉等所撰《太平御览》引《唐书》称：

乾元中，耕籍田，至于先农之坛。因阅耒耜有雕刻文饰者，谓左右曰："田器，农人执之，在于朴素，岂贵文饰乎？"乃命彻之。

说的是唐肃宗乾元年间，皇帝带着群臣出席亲耕仪式，来到神农坛前。看到耕田用的耒耜上有精心雕刻的花纹图案，便对左右大臣说，农民手里拿着的农具，本来就是平常之物，适用、好用、管用而已，如此雕饰，华而不实。于是让人给换了。

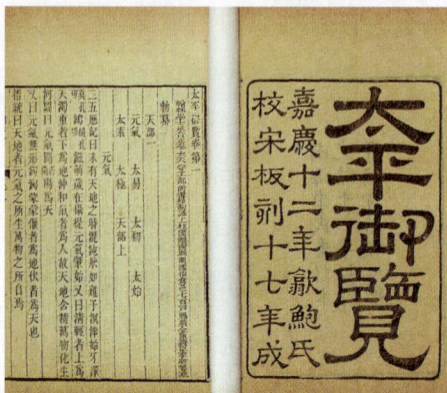
《太平御览》局部

"籍田"，也叫"藉田"，是古代吉礼的一种。即在孟春正月，春耕之前，由天子或君王率诸侯、群臣亲自耕田的典礼。上古时为"祈年"的礼俗之一，又称"亲耕"，有重视农耕之意。

《吴越春秋》记载：

夫差帅诸群臣出国东，祠子胥江水滨，诸臣并在。夫差乃言曰："寡人蒙先王之遗恩，为千乘之王，昔不听相国之言，乃用谗佞之辞，至令相国远没江海。自亡已来，濛濛惑惑，如雾蔽日，莫谁与言！"泣下沾衿，哀不自胜。左右群僚，莫不悲伤。

说是吴国国君夫差带着众多官员来到吴国的东部，在长江边上祭奠伍子胥。面对群臣，夫差这样说道：我承蒙历代先王的恩惠，成了吴国的国君，只可惜当年不听伍相国的话，听信了奸臣的谗言，致使伍相国蒙冤，离开了人世。自从伍相国仙逝，我真切地感受到自己的种种无助和困顿，现在还有谁能给我说些让我清醒的话啊。说完便潸然泪下，伤痛不已。

在古代，"祠"是人们为自己的祖先，或为社会上贤达有功之士所建的庙堂。有时也称"堂""庙"，如《襄阳记》称："诸葛亮初亡，所在各求为立庙。朝议以不合，百姓遂因时节私祭之于道陌也。"为了以示区别，古人一般将供奉自己祖先牌位的庙堂，叫宗祠；而为社会上贤达有功之士所建之庙堂，通常有较严格的规定，我们熟悉的诸如为诸葛亮所建的武侯祠，为蔡伦所建的蔡侯祠，为孔子所建的孔庙，为李冰父子所建的二王庙，等等。

范晔《后汉书》记载：

周泽字稚都，为太常。尝卧疾斋宫。其妻哀泽老病，就问所苦。泽大怒，以妻子犯斋禁，遂收送谢罪。当世疑其诡谲，时人语曰："生世不谐，作太常妻。一岁三百六十日，三百五十九日斋，一日不斋醉如泥。"

说的是中国古代一个最不近人情的丈夫叫周泽，他出任朝廷的太常卿一职，掌管宗庙礼仪等事务。为了按古礼出色地完成各类祭祀活动，作为活动组织者、安排方的太常卿需谨遵斋戒。周泽有一次带病斋戒，妻子前来探病，不料周泽一气之下，以妻子触犯斋禁之罪名，将其关进了大牢。以至于当时社会上因周泽的不近人情，编排出这样的民谣：人生最大的不和谐，莫过于做了太常卿的妻子。一年三百六十日，居然三百五十九日在斋戒，还有一天不斋戒吧，又把自己灌得烂醉如泥。后世李白也曾有一首叫《赠内》的诗："三百六十日，日日醉如泥。虽为李白妇，何异太常妻。"

在中国古代，斋戒主要用于祭祀、行大礼等严肃庄重的场合，以示虔诚、恭敬、庄重。斋戒包含了斋和戒两个方面，"斋"字源于"齐"（齊），即"整齐"之意，如沐浴更衣，不饮酒，不吃荤、腥食物等；"戒"主要是指戒游乐，比如不与妻妾同寝，杜绝或减少娱乐活动。

南北朝南朝任昉所撰《述异记》有这样一则故事：

庾邈与女子郭凝通，诣社，约不二心，俱不婚娉。经二年，凝忽暴亡。邈出见凝，云："前北村还，遇强梁，抽刀见逼，惧死，从之，不能守节。为社神所责，心痛而绝。"人鬼异路。因下泣矜之也。

说的是有一个叫庾邈的小伙和一个叫郭凝的女子两心相悦，他们一起来到社神前发誓，今生只爱对方一人，一个说非对方不娶，一个说非对方不嫁。没想到第二年郭凝便突然离开了人世。庾邈有一天灵魂出窍见到郭凝，郭凝跟他说道：前段时间我打北村回家，路上遇到了强盗，他拿刀逼迫我，因为怕死，我依从了他，失去了贞操，被社神所责难，我心如刀割，伤心而亡。

古人认为土地滋育万物，是人类赖以生存的基础，所以很早的时候就立"社"祭祀。"社"是祭祀的场所，同时也是公众聚会的地方。据《尚书》记载，夏代时对于战争中违命的人常常选择在"社"施行惩罚。殷商甲骨文中多见祭祀于"社"以祈年求雨的记录。《诗经》中也记录有西周时用粮食、牺牲祭"社"来祈求甘雨和丰收的篇章。春秋时代遇到日食、水灾等自然灾害也往往祭祀于"社"。《左传》中有民间结"社"的记载，大约二十五家即置一"社"，"社"

《高逸图》 [唐]孙位　左一为"竹林七贤之一"阮籍

于是也便具有了地方基层组织的性质，大约相当于邑、里。汉代时，中央、郡县、乡里各级行政机构都立有"社"。乡以上的"社"由政府设置，官府致祭；里"社"则由当地百姓自行组织祭祀。每年春二月、秋八月上旬的戊日举行社祭，祭后在"社"下宴饮行乐，其费用由全里百姓分摊，有时也采取捐献的办法。除了集体祭祀外，个人也常向社神祈福、立誓、禳病。秦末时陈平曾担任社祭活动的"宰"，因分肉均匀，被人称道，后来成了汉朝的丞相。

东晋史学家邓粲所撰《晋记》记载：

阮籍能为青白眼，礼俗之士，辄以白眼对之。宗正嵇喜，康之兄也。闻籍丧，吊焉。籍以不哭，见其白眼。喜不怿而退也。

说的是阮籍常常以青眼、白眼对待不同的人。对那些性情中人，常报以青眼；而对那些从俗、世故的人，常报以白眼。当时阮籍遭母丧，时任朝廷宗正的嵇喜，也就是嵇康的兄长前来吊唁，阮籍没有哭丧，以白眼视之，弄得嵇喜悻悻然而去。

按照古代礼制，吊唁开始，女眷们在灵堂里呼天抢地地号哭，而孝子孝媳自始至终都披麻戴孝跪在灵案边陪祭。前来吊唁的人都穿着素服，以亲疏尊卑为顺序——吊唁。有的地方上，前来吊唁的人一进门，就有专人敲击设于大门口的报丧鼓两下，灵堂上的亲属听见鼓声便号哭不已，以示对吊唁人的迎接。

北宋李昉等所撰《太平广记》记载着这样一则故事：

李翱江淮典郡。有进士卢储投卷，翱礼待之，置文卷几案间，因出视事。长女及笄，闲步铃阁前，见文卷，寻绎数四。谓小青衣曰："此人必为状头。"

96

追公退，李闻之，深异其语。乃令宾佐至邮舍，具白于卢，选以为婿，卢谦让久之，终不却其意，越月随计。来年果状头及第，才过关试，径赴嘉礼。催妆诗曰："昔年将去玉京游，第一仙人许状头。今日幸为秦晋会，早教鸾凤下妆楼。"后卢止官舍，迎内子，有庭花开，乃题曰："芍药斩新栽，当庭数朵开。东风与拘束，留待细君来。"人生前定，固非偶然耳。

━━━━━━━━━━━━━━━━━━━━━━━━

　　故事里说，李翱出任庐州（今安徽合肥市）刺史时，有学子卢储行卷于他。李翱待之以礼，因当时急着外出办事，随手将文卷放在桌上。他的长女已经成年，闲着没事走进父亲办公的屋子，看到桌上的文卷，研读再三，对婢女说："这个人准中状元。"李翱回来，听到女儿的话，很是惊讶。便让他的属官和宾客到卢储住的旅舍跟卢储详细说明，想选他做女婿。卢储再三谦辞，终于难却好意，月余才答应。来年参加京师会试，卢储果然考中状元，刚过了关试，便马上赴庐州完婚。并作一首《催妆诗》："昔年将去玉京游，第一仙人许状头。今日幸为秦晋会，早教鸾凤下妆楼。"大意是说，那一年我准备到京师去应考，美丽的女子许给我状头。今

天要成婚了，请仙女快点下楼上轿吧。之后，卢储在官舍迎接妻子，恰逢院庭花开，便又题诗说："芍药斩新栽，当庭数朵开。东风与拘束，留待细君来。"意思说，新栽的芍药花开了几朵，风也不舍得吹落，留待给我的爱妻。看来人生前缘已定，并非偶然。

　　"及笄"，也称"既笄"，语出《礼记》"女子……十有五年而笄"。一个女子到了十五岁，要行成年礼，即将头发盘在头顶之上做成一个髻，用笄贯之加以固定。笄，即发簪也。而行了及笄礼的女子，便可以出嫁了。男子的成丁礼叫"弱冠"，即在男子二十岁的时候，戴上表示已经成年的帽子。在中国古代，为男子举行冠礼仪式是非常讲究和慎重的。据《仪礼》记载，贵族男子到了二十岁，由父亲或兄长在宗庙里主持冠礼。行加冠礼首先要挑选吉日，选定加冠的来宾，并准备祭祀天地、祖先的供品，然后由父兄引领进太庙，祭告天地、祖先。

　　冠礼进行时，由来宾依次加冠三次，即依次戴上三顶帽子，一是加用黑麻布材质做的缁布冠，表示从此有参政的资格，能担负起社会责任；二是加用白鹿皮做的皮弁，

也就是军帽，表示从此要服兵役以保卫社稷疆土；三是加上红中带黑的素冠，这是古代通行的礼帽，表示从此可以参加祭祀大典。三次加冠完成后，主人须设酒宴招待宾赞等人（赞是宾的助手），叫"礼宾"。"礼宾"后，受冠者入内拜见母亲，然后由宾取"字"，代表今后自己在社会上有其尊严。古人认为成年后，只有长辈才可称其"名"，一般人或平辈只可称其"字"，因此要取"字"以便于他人称呼。陈寿所撰《三国志》载："常林年七岁，有父党造门，问林曰：'伯先在不？汝何不拜？'对曰：'对子字父，何拜之有？'"说的是常林七岁的时候，有父亲的同乡好友前来造访，问常林："伯先在家吗？"又问："你为什么见了长辈不行跪拜礼？"常林说："你居然当着儿子的面直呼其父亲的字，已是无礼在先，我为什么要向一个无礼的人跪拜呢？"

据《礼记》记载，古时候缔结婚姻有纳采、问名、纳吉、纳征、告期和亲迎六道程序，也称"六礼"，即从议婚至完婚过程中的六种礼节。上文中卢储之所以"越月随计"，或许一来是为了回老家征求父母的同意，二来也让自己便于尽婚姻的

皮弁

一些礼数。"径赴嘉礼"应该便是亲迎这道程序。催妆，属亲迎的前奏，在唐代社会甚是流行。催妆之俗相传起源于北朝，唐段成式《酉阳杂俎续集》引南朝陈江德《聘北道记》称："迎新妇，夫家百余人挟车，俱呼曰：'新妇子，催出来！'其声不绝，登车乃止，今之催妆是也。"可见，北朝时的催妆是男家亲迎时，在女家门前高声呼叫，催促新娘快些出门登喜车。唐人继承并发扬了这一婚俗，催妆诗便应运而生。

廉耻

第十二章

LIANCHI

一、什么是廉耻

（一）先说"廉"

"廉"，许慎《说文解字》解释为"仄也。从广，兼声"，段玉裁注解称："仄也。此与广为对文，谓偏仄也。廉之言敛也。堂之边曰廉。天子之堂九尺，诸侯七尺，大夫五尺，士三尺。堂边皆如其高。贾子曰：廉远地则堂高，廉近地则堂卑是也。堂边有隅有棱，故曰廉。廉，隅也。又曰：廉，棱也。引申之为清也，俭也，严利也。许以仄晓之。仄者，圻咢陵阤之谓。今之筭法谓边曰廉，谓角曰隅。从广兼声。力兼切，七部。"在我看来，许慎的说法过于简洁了一些，而段玉裁的注解则有些紊乱，至于将"仄"释为"此与广为对文，谓偏仄也"，更是误解。

此"廉"字，本义应该是"堂之边"，即厅堂的边墙，正如《九章算术》所称的"边谓之廉，角谓之隅"，边墙一定要"正"，一定要"直"，自然墙体一定会有"棱"。做过泥瓦工的人都知道，不管是垒墙，还是砌墙，首先必须抄平、放线，在垒砌的过程中，要时刻警觉墙体

99

出现凹凸、倾斜，为了确保墙体的平整、笔直，要立皮数杆、立头角、挂线等。墙体建好了，如何判断、认定墙体的平整和笔直？古人常借助墙体在日光下的影子来审视，这便是许慎所说的"仄"，也是段玉裁注解中提到的"仄昳"。正因为如此，"廉"字在后世被引申为正直。若要正直，须时刻警觉，心中要有一根底线、一把尺子，只有这样才可以收放有度，故又引申为敛、清、俭等。因为"廉"有"棱"，故又有"廉利"之义。

（二）再说"耻"

"耻"字，原本写成"恥"，最早见于战国楚简中，从耳从心，常见为左右结构，也偶见上下结构。到了东汉的碑文里，"心"讹形为"止"，成了"耻"。许慎《说文解字》释为"辱也。从心，耳声"。再查"辱"，许慎释为"耻也。从寸在辰下。失耕时，于封畺上戮之也。辰者，农之时也。故房星为辰，田候也"，此释义似乎不得要领。

"辱"之本义应该同"耨""槈"或"鎒"，其中"辰"是象形字，如贝壳形者，这里指的是古时候人们耕作田地、清除杂草的器具，其

头部最初采用大蚌片，即《淮南子》所载的"古者剡耜而耕，摩蜃而耨"，也有采用锋利的石头的，即《本草纲目》所称的"以石为刃"，后发展为木制的、金属制的。田间除草，就草而言，自然是受到伤害；又，郑玄在给《仪礼》作注时称："'以白造缁曰辱'者，谓以洁白之物造置于缁色器中，是污白色。"洁白之物置于缁色器皿中，就洁白之物而言，自然会受到影响。所以，"辱"也便引申为受污辱、受伤害。从"耻"字看，"耳"代表的是人体的感官器官，它敏锐地感受到了外部的某种力给自己带来的刺激、影响、污染、改变，甚至伤害，便时刻牢记于"心"，耿耿于怀，这便是"耻"。

"廉""耻"并提，最早见于《管子》一书。"国有四维，一维绝则倾，二维绝则危，三维绝则覆，四维绝则灭。倾可正也，危可安也，覆可起也，灭不可复错也。何谓四维？一曰礼，二曰义，三曰廉，四曰耻。"中国古代最早的一种宇宙结构学说，称为"盖天说"，这一学说认为，天是圆形的，像一把张开的大伞覆盖在地上，地是方形的，像一个棋盘，日月星辰则像爬虫一样过往天空，此学说又被称为"天

圆地方说"。由于地是方形的，它能平稳载物，古人就因此想象成地的四角分别有绳子系着，这绳子便是"维"。《列子·汤问》载："共工氏与颛顼争为帝，怒而触不周之山，折天柱，绝地维，故天倾西北，日月星辰就焉；地不满东南，故百川水潦归焉。"这里的"地维"，也就是系着地的绳子。因为"国"像"地"一样也是方形的，所以喻称也有"四维"。国之四维，断了一维，国就会倾侧；断了两维，国就会危殆；断了三维，国就会颠覆；断了四维，国就会灭亡。

"廉耻"作为一个词使用，同样最早见于《管子》一书，如"男女无别，则民无廉耻"，说的是男女之间如果不设定有关界限，任其杂处、混居在一起的话，必然会生发出许许多多荒唐事来，时间一久，老百姓也就没有廉耻之心了。

《管子》节选

二、知廉耻，设底线

在今天人们的理解中，"廉"指的是清廉、廉洁，似乎是只针对有权有势的人而言的；"耻"指的是惭愧之意、羞愧之心，似乎是针对所有人而言的。或许有人会问，此二字所指含义迥异，适用对象有别，为什么偏偏组合在一起，构成一个词呢？

事实上，"廉"也好，"耻"也罢，最早被当作一个人的道德品质，两者的含义是较为接近的，"廉"是为了正直，须时刻警觉，心中要有一根底线、一把尺子；"耻"是当一个人做了某件事，内心明显感觉到了失当、不当，惴惴不安，面露羞愧之色，便暗下决心，要引以为耻，并试图努力改正或弥补。也就是说，能够让一个人"知耻"的背后，也有一根底线、一把尺子。所以，"廉耻"作为一个道德范畴的词，实际上反映的是古人的一种道德底线意识。理解了这一点，你才会理解为什么《释名》称"帘，廉也，自障蔽为廉耻也"，"廉，敛也，自检敛也"。

古代有关守廉知耻的故事流传下来的有很多，这里聊举几例：

唐令狐德棻等所撰《周书》记载了一个叫张元的人的生活琐事："年六岁，其祖以夏中热甚，欲将元就井浴。元固不肯从。祖谓其贪戏，乃以杖击其头曰：'汝何为不肯洗浴？'元对曰：'衣以盖形，为覆其褻。元不能褻露其体于白日之下。'祖异而舍之。南邻有二杏树，杏熟，多落元园中。诸小儿竞取而食之；元所得者，送还其主。"说是张元六岁时，他的祖父觉得盛夏天气炎热，想让张元在井边脱衣洗澡，张元死活不肯。祖父以为他就知道贪玩，便用手中的拐杖敲张元的头，说道："你为什么不肯洗澡？"张元答道："人之所以穿衣服，是为了遮盖自己不雅的身体。我可不能在光天化日之下赤身露体。"祖父觉得孩子有个性，也就作罢。张元南边邻居家种了两棵杏树，杏子熟了，大多掉落到了张元家的园子里。很多孩子纷纷捡而食之，唯独张元把捡到的所有杏子送还给了邻居。这里记录的无疑是一个孩子身上发生的一些小事，然而一个社会的道德建设也正是须从细处着手、从小事做起的。正如明朝吕坤《呻吟语》所言："大行之美，以孝为第一，细行之美，以廉为第一。此二者，

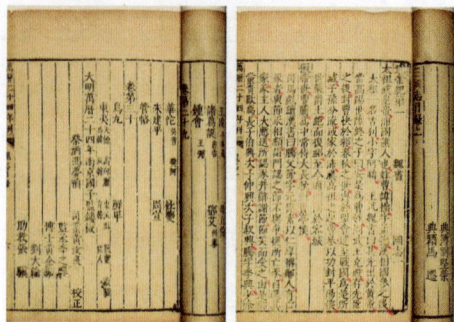

《东观汉记》局部

君子之所务敦也。"

班固等所撰《东观汉记》有这样的记载："司空宋弘，尝受俸得盐，令诸生粜，诸生以贱不粜。弘怒，悉贱粜，不与民争利。"说是一个叫宋弘的官员，曾经领到了一批作为他个人俸禄的食盐，他让他的众弟子拿到市场上去卖了。众弟子走了一圈，发现市场上食盐价低，卖不了几个钱，想等食盐价格起来了再出手，便带着食盐回来了。宋弘得知此事十分生气，亲自将所有食盐以低价卖了，为的就是不与民争利。

东晋孙盛所撰《晋阳秋》有这样的记录："胡威，字伯虎，少有志，尚清白。历位宰牧。武帝赐见，叹其父清，因谓威曰：'卿清孰与父清？'威对曰：'臣不如也。'帝曰：'以何为不如？'对曰：'臣父清，恐人知；臣清，恐人不知，是臣不如

远矣。’”说的是一个叫胡威的清官，有一天得到晋武帝司马炎的召见，言谈之中，晋武帝感慨胡威的父亲胡质清正廉洁，便随口问胡威道：“你跟你父亲，到底哪一个更清廉？”胡威答道：“我不如我父亲。”晋武帝又问："为什么不如呢？"胡威说："我父亲一生清廉，唯恐他人知晓；至于我呢，我追求清廉，就怕他人不知晓，所以我远不及我父亲。"胡威的这个说法，足以让众多标榜清正廉洁的人汗颜。明朝洪应明《菜根谭》称"廉所以戒贪。我果不贪，又何必标一廉名，以来贪夫之侧目"，又称"真廉无廉名，立名者正所以为贪"，诚哉斯言。

古人论及"廉耻"的众多篇章中，最为精到的要数明末清初大思想家顾炎武先生所撰《日知录》中的《廉耻》一文，限于篇幅，这里姑且录其中片段：

"《五代史·冯道传·论》曰：'礼义廉耻，国之四维；四维不张，国乃灭亡。善乎，管生之能言也！礼义，治人之大法；廉耻，立人之大节。盖不廉则无所不取，不耻则无所不为。人而如此，则祸败乱亡亦无所不至。况为大臣，而无所不取，无所不为，则天下其有不乱，国家其有不亡者乎？'然而四者之中，耻尤为要。故夫子之论士，曰'行己有耻'；《孟子》曰'人不可以无耻，无耻之耻，无耻矣'，又曰'耻之于人大矣，为机变之巧者，无所用耻焉'。所以然者，人之不廉而至于悖礼犯义，其原皆生于无耻也。故士大夫之无耻，是谓国耻。

"吾观三代以下，世衰道微，弃礼义捐廉耻，非一朝一夕之故。然而松柏后雕于岁寒，鸡鸣不已于风雨，彼昏之日，固未尝无独醒之人也！顷读《颜氏家训》有云：'齐朝一士夫尝谓吾曰：我有一儿，年已十七，颇晓书疏，教其鲜卑语及弹琵琶，稍欲通解，以此伏事公卿，无不宠爱。吾时俯而不答。异哉，此人之教子也！若由此业自致卿相，亦不愿汝曹为之。'嗟乎！之推不得已而仕于乱世，犹为此言，尚有《小宛》诗人之意，彼阉然媚于世者，能无愧哉？"

北宋薛居正曾编撰《五代史》，后来欧阳修不是很满意，重编了《五代史》，所以历史上把薛居正所编的称作《旧五代史》，把欧阳修所编的称作《新五代史》，顾炎武文中提到的《五代史》为欧阳修所编，他借着《管子》中有关礼义廉耻的说法，做了一番发挥，说到"廉耻"，认为大凡不廉便什么都可以拿，不耻便什么都可以做。人一旦到了这种地步，那么灾祸、失败、逆乱、死亡，也就都随之而来了；尤其是那些显贵大臣，什么都敢拿，什么都敢做，天下岂能不乱？国家岂能不亡？

顾炎武引述完《五代史》中的话后，认为礼义廉耻四者里面，耻最为紧要。接着引用孔子、孟子有关耻的论述："个人处世必须知耻。""人不可以没有羞耻之心，一旦对可耻的事不感到羞耻，那就只剩下无耻了。""耻对于人来说，关系极大。那些善玩花样、喜欢搞阴谋诡计的人，是根本谈不上耻的。"在顾炎武看来，一个人不廉洁自守，甚者悖礼犯义，究其根本原因，就在无耻二字。也正因为如此，士大夫的无耻，实为国耻。

顾炎武说，我考察自三代以下，世风日下，道德沦丧，礼义被抛弃，廉耻被遗忘，这绝对不是一朝一夕的事了。文中的"三代"通常指的是尧舜禹三代。顾炎武接着说，但是凛冽的冬寒中有不凋的松柏，风雨如晦中有警世的鸡鸣，那些昏天暗地的日子里，未尝没有独具卓识

的清醒者。前不久读到《颜氏家训》上的一段话："齐朝一个士大夫曾对我说：'我有一个儿子，年已十七岁，颇能写点公务文书什么的，教他讲鲜卑话，也学弹琵琶，每一样都懂一点，结果凭借这些技能侍候公卿大人，没有不受宠爱的。'我当时低首不答。怪哉，此人竟是这样教育儿子的！倘若通过这些本领能使自己做到卿相的地位，我也不愿你们这样去做。"最后，顾炎武禁不住感慨道，颜之推不得已而出仕于乱世，尚且能说这样的话，还存有《诗经·小宛》中诗人的精神，那些一味卑劣地献媚于世俗的人，不感到羞愧吗？

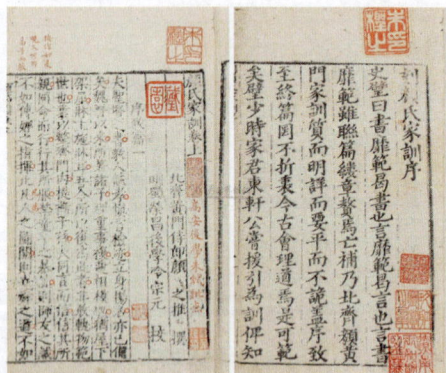

《颜氏家训》局部

104

诚信

第十三章

CHENGXIN

一、什么是诚信

（一）先说"诚"

许慎《说文解字》中称："诚，信也。从言，成声。"他把"诚"看成形声字，事实上，"诚"同时也是会意字。

为什么这么说呢？

同样是《说文解字》，在解释"成"时这样说："就也。从戊，丁声。"清朝学者徐灏在《说文解字注笺》中作注称："戊，古读曰茂；茂盛者，物之成也。丁壮亦成也。"一个事物内在成熟到什么程度，其外在必然会有显而易见的表现。树木如此，庄稼作物如此，人也如此。所以"成"后来也用作黄金白银的纯度术语，即"成色"。一个人是不是真诚？是不是实在？是不是值得信赖？常常也能从他所说的话中加以分辨和评断。因此，"诚"从言，也即心里实实在在的"成"，不折不扣地表现在他的言语中，这就叫"诚"，成语中所谓由衷之言、肺腑之言、口是心苗、言为心声，说的就是这个"诚"。《礼记·中庸》中有"诚者自成也"，《礼记·大学》中有"此谓诚于中，形于外"，同样也是这

105

个意思。

西汉扬雄在他的《法言·问神》一篇中说："故言，心声也；书，心画也。声画形，君子小人见矣。"这是成语"言为心声"的出处，在中国古人看来，主导我们思维的不是今天所认知的大脑，而是我们的这颗"心"。《黄帝内经·素问》篇称："心者，君主之官。神明出焉。"明代医学家张景岳注为"心为一身之君主，禀虚灵而含造化，具一理以应万机，脏腑百骸，惟所是命，聪明智慧，莫不由之，故曰神明出焉"。意思是说人体所有生理活动，无一例外都是在心的主宰下进行的。正如汉字中凡与精神、思维、情感有关的字，诸如思、怒、悲、惊、恐、愁、忧、念、忘等均归属心部。心有所思，形之于言，故我们有"说心里话"之谓，这便是"诚"。事实上，很多"忄"字旁的汉字常常也有带"讠"字旁的异体字，譬如，"誖"，《说文解字》释为"乱也。从言，孛声。誖或从心"。也就是"誖"同"悖"。《广雅》称："本作誖，从言。或从心作悖。或从口作哱。"一个汉字，既可以从口，也可以从言，也可以从心，其内在的逻辑便是，口之所言，言为心声；口对言，

言对心。正因为如此，我们才能够理解为什么古人常常把"悦"写成"说"，把"慢"写成"谩"，把"恶"写成"誷"，把"哲"写成"悊"。

（二）再说"信"

《说文解字》解释为："信，诚也。从人言。伩，古文从言省。""信"古文也写作"訫"，诚实的意思。以前爱望文生义的人很是困惑，为什么人言为信？人常常会因为这样或那样的目的，说假话、大话、空话，凭什么让我们去相信？事实上，古人造这个"信"字，或从人从言，或从人从口，或从言从心，想要表达的就是口能言之，发乎内心，也就是言必由衷的意思，这样的话才能让我们去相信。

由此可见，"诚""信"两字，在造字方式上是相同的，在含义上也是一致的，所以许慎才说"诚，信也""信，诚也"。

"诚信"作为一个词，在后世实际的使用过程中，其含义似乎也有一些小小的变化，即"诚"更多地指"内诚于心"，"信"则侧重于"外信于人"，"诚"与"信"一组合，就形成了一个具有内外兼备的丰富内涵的词。

二、诚信的意义

长期以来，中国古人始终将诚信视为美德。

当年孔子办学，有所谓"四教"，即文、行、忠、信，他希望学生能做到博学多闻、敦品励行、尽忠职守、诚实不欺并重。关于"信"，孔子有过许多论述，反复强调要"言必信""言忠信""谨而信""敬事而信"，他曾有这样一个比喻，"人而无信，不知其可也。大车无輗，小车无軏，其何以行之哉？"意思是说一个人如果不讲诚信，真不知他怎么做人？就像牛车、马车没有木销子，还怎么行走呢？

在孟子看来，"诚者，天之道也。诚之者，人之道也"。也就是说，诚信是天地运行的准则，是自然规律，而崇尚诚信、追求诚信是做人最基本的道理。

北宋理学的开山鼻祖周敦颐在《周子全书》称："诚，五常之本，百行之源也。""五常"即仁、义、礼、智、信，在周敦颐看来，诚是五常的基础，是人的各种善行的根源。

黄宗羲在《孟子师说》中称："诚则是人，伪则是禽兽。"认为人之所以贵为人，是因为他讲诚信，懂得不自欺，不欺人，诚实待人，信守承诺，这也是人与动物的根本区别之一。

那么，诚信在我们的社会生活中究竟有何意义呢？

（一）立身离不开诚信

清朝学者王永彬在《围炉夜话》一书中称："一'信'字是立身之本，所以人不可无也；一'恕'字是接物之要，所以终身可行也。"一个"信"字，是为人立身处世的根本，一个人如果失去信用，任何人都不会接受他，所以人不可没有信用；一个"恕"字，是待人接物的重要品德，因为"恕"即是推己及人，因此不会做出对不起别人的事，于己于人皆为有益，所以值得终生奉行。

孔子一生推崇"君子"，希望其学生也能拥有君子一般的人生。《孔子家语》中记载了孔子与颜回的一段对话：

> 颜回问于孔子曰："小人之言有同乎？君子者不可不察也。"孔子曰："君子以行言，小人以舌言，故君子为义之上相疾也，退而相爱；小人于为乱之上相爱也，退而相恶。"

意思是说，有一天颜回请教孔

子说："小人说的话有什么共同特点吗？作为君子，不能不加以分辨啊。但到底怎么来分辨呢？"孔子说："君子常常用实际行动来说话，小人往往只用口舌来说话。所以君子基于道德仁义，会当面互相劝诫，过后不存芥蒂，照样还是很亲近的；小人却经常基于共同的私利，表面看起来彼此亲昵，转过身来就互相攻击。"在孔子的这段回答中，虽然未曾明言"诚信"二字，但关乎"诚信"却涉及三层意思：一是一个人能不能取信于人，要靠行动来说话；二是对待朋友，要以诚相待，能够指出朋友的种种毛病，正是诚信待人的表现；三是大凡向人指正错误，往往彼此间有些不愉快，甚至于极端状况下会反目成仇，但这里能做到"退而相爱"，本身就是以己之诚换彼之诚的表现。

孟子谈及做人，曾有过这样的话："仰不愧于天，俯不怍于人。"意思是说，仰起头来看看觉得自己无愧于苍天，低下头去想想觉得自己无愧于别人，人要经得住这样的扪心自问，只有这样，才是堂堂正正的人生。

司马迁《史记》中有一则故事：

季札之初使，北过徐君。徐君好季札剑，口弗敢言。季札心知之，为使上国，未献。还至徐，徐君已死，于是乃解其宝剑，系之徐君冢树而去。从者曰："徐君已死，尚谁予乎？"季子曰："不然。始吾心已许之，岂以死倍吾心哉！"

故事说的是吴国宗室季札，在出使北方大国途中，顺道拜访了徐国国君。没想到徐国国君内心非常喜欢季札腰间的宝剑，又深知它是吴国国宝，也就不好意思索要。季札感觉到了徐君的心思，本想随即送给他，但考虑到自己还要前往其他国家，没有佩剑，不成礼节，只好作罢。后来，季札在返回的途中路过徐国时，听说徐君已亡故，便来到徐君的墓前，将宝剑挂在了徐君墓旁的树上。随从问道："人都死了，还赠他宝剑干什么？"季札说："我早在心中答应将这宝剑送给徐君，如今徐君虽然已经离世，但我怎么能够违背当初的心意呢？"徐君心里喜爱宝剑，又不想夺人之爱，此诚者一；季札心知徐君之意，口不言而心许之，此诚者二；故人已逝，季札仍以宝剑赠之，此诚者三。

（二）婚姻离不开诚信

古代男女缔结婚姻，有所谓"六礼"，据《仪礼》记载，其中纳采、问名、纳吉、请期、亲迎五礼，男方家都要用雁作为礼物送给女方家。为什么要用大雁作为礼物？因为大雁作为候鸟，春天里天气暖和了往北飞，秋天里天气凉下来了往南飞，它们总是这样随气温的变化南来北往有规律地迁徙，这叫来去有信，所以古人便将大雁视为信物。男女双方缔结婚姻，需要建立在彼此的诚信基础上，所以"六礼"中的"五礼"都要用到大雁。

《庄子》中《盗跖》一篇曾记载这样一个故事：

> 尾生与女子期于梁下，女子不来，水至不去，抱梁柱而死。

说是一个叫尾生的年轻人，跟相爱的一个女子约在桥下见面，或者尾生早早地去候在桥下，或者女子迟迟地没出现，这个时候突然河水暴涨，尾生没有离开先前约好的见面之地，使劲地抱着桥柱子，最后还是被大水吞没了。后来故事又有发展，称尾生的心上人伺机摆脱父母禁锢来到桥上，当她看到尾生牢牢抱着桥柱的尸体，不禁悲从中来，也跳河殉情了。后来据《西安府志》记载，这座桥在陕西蓝田县的兰峪水上，称为"蓝桥"。这无疑是一个哀怨凄婉的爱情故事，几千年来，不断地被人提起，是因为故事里的人坚守承诺忠贞不渝。司马迁《史记》一书称"孝如曾参，廉如伯夷，信如尾生"，将曾参、伯夷、尾生相提，足见尾生抱柱而死的价值。

北宋政治家、科学家沈括所撰《梦溪笔谈》中同样讲了一个感人肺腑的故事：

> 朝士刘廷式本田家，甚贫。邻舍翁有一女，约与廷式为婚。后契阔数年，廷式读书登科，归乡间访邻翁。而翁已死，女因病双瞽，家极困饿。廷式使人申前好，而女子之家辞以疾，仍以佣耕，不敢姻士大夫。廷式坚不可，曰："与翁有约，岂可以翁死子疾而背之？"卒与成婚。闺门极雍睦，其妻相携而后能行，凡生数子。廷式尝坐小谴，监司欲逐之，嘉其有美行，遂为之阔略。其后廷式管干江州太平宫而妻死，哭之极哀。苏子瞻爱其义，为文以美之。

说的是刘廷式原本是农家子弟。隔壁邻居老翁家里很穷，有一

109

《刘廷式不弃婚约》

个女儿，和刘廷式订了婚约。后来刘廷式因为求学、赶考等离家好几年，等到他考中进士，回到乡里，便寻访邻居老翁。可惜老翁已经去世，他的女儿也因为得病双目失明，家境更是困顿。刘廷式让人前去说明从前的关系，而女方家里借有病推辞，答应可以做刘廷式家的佃户，实在不敢和官员结亲。刘廷式坚持认为那样不可以，说："我与老伯有约定，怎么能因为他死了，女儿残疾了而背弃婚约呢？"最终和老翁的女儿成了婚。结婚后两人非常和睦，他的妻子要人搀扶才能走动，共生了好几个子女。刘廷式曾出过小过失，监察部门打算罢免他，鉴

于他的行为品德很好，就原谅了他。后来刘廷式担任江州太平宫的地方官，他的妻子去世的时候，他哭得非常伤心。苏轼钦佩他的义举，曾写文章来赞颂他。

唐代著名政治家魏徵在《群书治要》中称"夫妇有恩矣，不诚则离"，此言甚是。

（三）交友离不开诚信

两个原本毫不相干的人，因为这样或那样的原因走到了一起，通过交往，渐渐成了志同道合的朋友，成了无话不谈的知己，甚至于为了对方，不惜牺牲自己的生命。这中间，彼此间的诚信是纽带。这里姑且举一事例，来感受一番什么叫重承诺，什么叫守信用。

范晔所撰《后汉书》里有这样一个故事：

范式，字巨卿，山阳金乡人也。少游太学，为诸生，与汝南张劭为友。劭字元伯。二人并告归乡里。式谓劭曰："后二年当还，将过拜尊亲，见孺子焉。"乃共克期。后期方至，元伯具以白母，请设馔以候之。母曰："二年之别，千里结言，尔何信之审也？"对曰："巨卿信士，必不乖违。"母曰："若然，当为尔酝酒。"至其日，巨卿果到，升

堂拜母，尽欢而别。"

说的是山阳金卿（今山东菏泽市）人范式在太学结识了汝南郡（今河南驻马店市）的张劭，两个人是好朋友，曾同时请假各自回老家探亲，分别时，范式对张劭说，两年后回来的时候，我将前往贵府拜见你的母亲，也想看看你的孩子，于是便约定了日子。后来离约定的日子越来越近了，张劭把这件事告诉了母亲，请求母亲准备酒食等待范式的到来。张劭母亲说，你们分别都两年了，千里之外约定的话，你也信？张劭回答说，范式是个讲信用的人，肯定不会违背约定的。张劭母亲说，真是那样的话，当然得替你们酿酒了。到了约定的那天，范式果真来了，登堂拜见了张劭母亲后，两个人开怀畅饮，尽兴而别。

（四）为政离不开诚信

《论语》里有这么一章：

子贡问政。子曰："足食，足兵，民信之矣。"子贡曰："必不得已而去，于斯三者何先？"曰："去兵。"曰："必不得已而去，于斯二者何先？"曰："去食。自古皆有死，民无信不立。"

说的是有一天子贡向孔子请教如何治理一个国家，孔子回答说，治国理政，需要有三样东西：一是有足够多的粮食，能保障老百姓都可以吃饱饭；二是有强大的武装，能保障不受外敌入侵；三是君王要能取信于民，同心同德。子贡又问道，如果这三者中必须去掉一个，哪一个可以最先去掉？孔子回答道："去兵。"子贡再问道，迫不得已的情况下，还必须去掉一个，哪个可以先拿下？孔子说："去食。"自古以来，人皆有一死，既然"留食"也好，"去食"也罢，人终有一死，也就无所谓"去"与"留"了。但人活着，不能没有诚信，也不能没有信仰。这段对话把诚信对于治国理政的重要性表述得十分透彻。

北宋司马光在《资治通鉴》中也称："夫信者，人君之大宝也。国保于民，民保于信。非信无以使民，非民无以守国。是故古之王者不欺四海，霸者不欺四邻。善为国者不欺其民，善为家者不欺其亲。不善者反之，欺其邻国，欺其百姓，甚者欺其兄弟，欺其父子。上不信下，下不信上，上下离心，以致于败。"

他将"诚信"看作人的法宝，

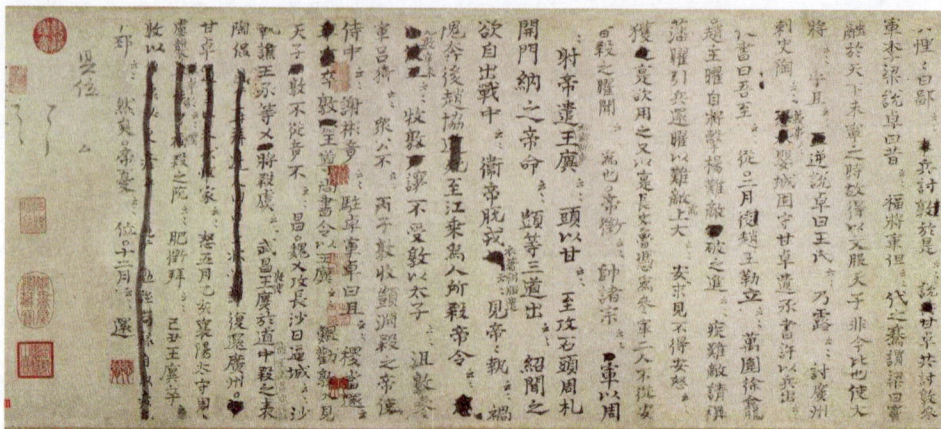

《资治通鉴》残稿

因为"国保于民，民保于信"。君无信用不能使民，失去民心则不能守国。

文中多次提到"不欺"。什么叫"不欺"？一是不自欺，也即不欺己心。如《礼记》所说："所谓诚其意者，毋自欺也。"南宋哲学家陆九渊也说："慎独即不自欺。"二是不欺人，也即能取信于人。现代学者蔡元培先生说过："'诚'字之意，就是不欺人，亦不可为人所欺。"著名徽商胡雪岩在杭州胡庆余堂药店里，挂了一块"戒欺"的牌匾，他在跋文中写道："凡百贸易均着不得欺字，药业关系性命，尤为万不可欺。余存心济世，誓不以劣品弋取厚利，惟愿诸君心余之心，采办务真，修制务精，不至欺予以欺世人，是则造福冥冥，谓诸君之善为余谋也可，谓诸君之善自为谋亦可。"贸易如此，治国更是如此。

一提到古代执政者取信于民的事例，人们津津乐道的要数商鞅变法时的"立木"和吴起变法时的"债表"。诚然，执政者如果仅靠玩这样的把戏，一时之间，"威"是树起来了，"望"却很难确立。真正要取信于民，还需要施之以仁义。

东汉时班固等人所撰的《东观汉记》一书中，有这样一则：

任延除细阳令，每至岁时伏腊，辄休遣系囚徒，各使归家，并感其恩德，应期而还。有囚于家被病，自载诣狱，既至而死，延率掾吏殡于门外，百姓悦之。

112

说的是东汉初年被时人称作"任圣童"的任延，出任细阳（今安徽阜阳市一带）县令，每年到了腊月（十二月），就让监狱里的囚徒各自回家过年，这些囚徒也总是能在规定的时间内回到监狱中。其中有个囚徒回家生了重病，家里人用车载着他返监，囚徒刚到就死了，任延让手下人在衙门外安排殡葬事宜，老百姓称道有加。

当然，一个人也好，一个国也罢，如果想要取信于天下，除了内心的诚意、仁义外，还需要具有足够宽广的胸襟和气度。

《公羊传》就《春秋》一书中"冬，公会齐侯，盟于柯"做了解释。称"庄公会齐侯，盟于柯，庄公将会，曹子进曰：'君之意何如？'庄公曰：'寡人之生，则不若死。'曹子曰：'然则君请当其君，臣请当其臣。'庄公曰：'诺！'于是会庄公，升坛，曹子手剑而从之。管子进，曰：'君何求？'曹子曰：'城坏压境，君不图欤？愿请汶阳之田。'管仲顾曰：'君许诺。'桓公曰：'诺。'曹子请盟，已盟，曹子摽剑而去之。要盟可犯，而桓公不欺；曹氏可雠，而桓公不怨。桓公之信，著乎天下，自柯之盟始也。"

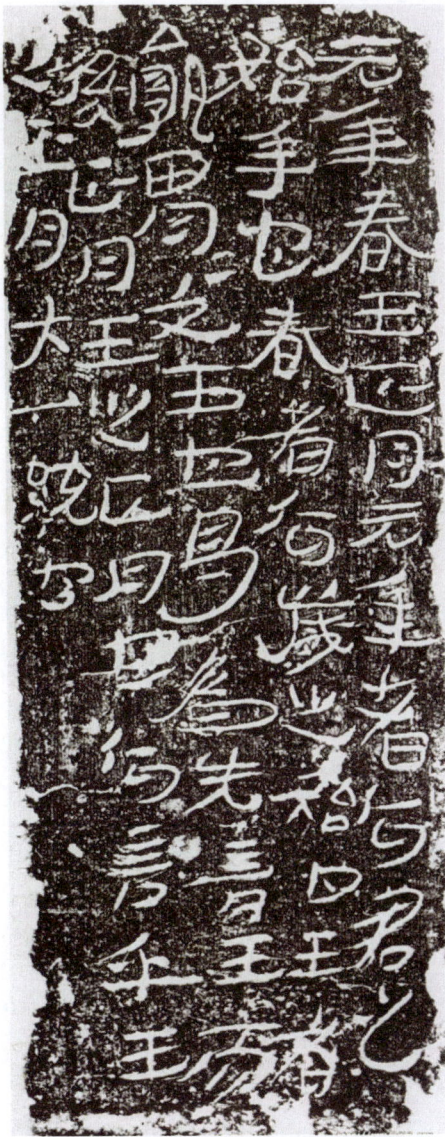

［东汉］《公羊传》砖

说的是鲁庄公十三年（前681）的冬天，鲁庄公在柯这个地方会见齐桓公，并与他盟誓为约。那天，鲁庄公正准备去见齐桓公，鲁国将军曹沫（也写作曹刿）前来见庄公。问道："君王的意思如何？"

鲁庄公说："我鲁国几次三番被齐国欺凌，现在是生不如死啊。"曹沫说："那么就请君王去对付他们的国君，我去对付他们的大臣。"鲁庄公说："好！"就这样会见了齐桓公，当时鲁庄公拾步来到坛上，曹沫手持长剑跟随着他。齐国的相国管仲走上前来问道："贵国国君有什么要求吗？"曹沫说："我鲁国城邑被毁，又遭大军压境，你们国君欺人也太甚了，我们只想要回汶阳之田而已。"管仲回过头示意齐桓公说："请君王答应。"齐桓公说："好！"曹沫请求盟誓，盟完誓，曹沫把剑往地上一丢，便离开了现场。以要挟的手段所订立的盟誓原本是可以推翻的，但齐桓公并没有这样做；曹沫以臣劫君，无疑是仇敌，但齐桓公没有迁怒于他。齐桓公的诚信广播于天下，就是从柯这个地方的盟会开始的。

仁义

第十四章

RENYI

一、什么是仁义

（一）先说"仁"

"仁"这个字，在孔子之前很少被提到，孔子与他的众弟子经常探讨什么是"仁"，"仁"从此也就有了极为丰富的含义。东汉许慎《说文解字》这样解释道："仁，亲也。从人，从二。忎，古文仁，从千、心；尸，古文仁，或从尸。"从许慎语焉不详的解释里，我们也不难看出他面对"仁"字所表现出来的困惑。

要想了解"仁"字的本义，不妨先看看与"仁"相关联的其他几个汉字。

"惠"，在西周金文里才开始出现，《说文解字》解释："惠，仁也。从心，从叀。蕙，古文惠，从卉。"许慎直接把"惠"的本义释为"仁"，或许是一种误解。事实上，早在殷商甲骨卜辞中，"惠"写作"叀"时有出现，西周金文中"叀"更是常见。如大克鼎铭文中有"叀于万民"，毛公鼎铭文有"虔夙夕叀我一人"等。徐灏《说文解字注笺》称："叀即古专字。……像纺专形，上下有物贯之。"纺专能聚丝，所以"叀"有专聚之义，后来引申为

115

仁　　　　　惠

专一；"惠"，从造字的本义看，应当是心思专聚，后引申为情感专一不二，再后来由此引申为惠爱、爱惜之义。

"爱"，此字出现稍晚，仅见于战国金文及玺印文，常写作"㤅"，小篆里"爱"与"㤅"同构，"㤅"应该是"爱"的古文。上面的"旡"，即是人，心里想着人，便是爱人的意思。

"慈"，此字最早仅见于战国中山国金文，《说文解字》解释为"慈，爱也。从心，兹声"，从字形看，其上面的"兹"，应该是两个"幺"，即"丝"，微小的意思。所以，"慈"应该是从丝，从心，兹亦声，它是一个会意兼形声字。心里想着微小的东西，引申为心里想着幼弱之人，常用作长爱幼，父母爱子女，君王爱臣民。

或许上述三个字都有各自特定的指向，无法包容更广泛的意思，孔子当年便借"仁"字，赋予极其丰富的含义，而他的学生常常会因"仁"字困惑，时不时地向老师求教，

有子贡问仁、颜回问仁、子张问仁、仲弓问仁、司马牛问仁、樊迟问仁等，而孔子也没有一个固定的标准答案，如同后世的"禅"，正所谓"仁者见仁"了。

那么，"仁"字的本义究竟为何？

在战国玺印文中，常常能见到"忠悬"字样，与称作"忠仁"的，在文例上相同。此"悬"字后来讹变为"恶"，也讹变为"忑"，字形中不论是"旡"还是"千"，原本就是象人之形，后讹变为"二"，所以，"仁"即是"臸"字，"尸字头"实际上也象人之形，即"尸"，下面的"二"是"忑"字省去了"心"。也就是说，"仁"与"爱"在造文上，实为同源，语义上也相仿佛。

（二）再看看"义"（義）

"義"最初的字形像是在兵器上插饰羽毛之状，或直接用羊头挂于兵器之上，用来表示美丽或威武的意思，做仪杖之用。后来或许是上面的羽饰讹变为"羊"，下面的兵器讹变为"我"。再后来原本是兵器的"我"假借为第一人称代词的"我"，于是"义（義）"便引申为自我仪容之美，也就是许慎在《说文解字》中解释的"己之威仪也"。古人崇礼，一个人的穿着打扮讲究规矩，什么身份的人，在什

二、仁和义的多重内涵

细心的读书人不难发现，在《论语》一书中，有诸多语句是重复的，比如，"巧言令色，鲜矣仁"分别出现在《学而》《阳货》中；"不在其位，不谋其政"分别出现在《泰伯》《宪问》中；"博学于文，约之以礼，亦可以弗畔矣夫"分别出现在《雍也》《颜渊》中；等等。想必此书刚刚行世时，便是这般模样，后世读书人为什么不加以删除、更正呢？原因大抵有三：一是尊重此书原貌；二是圣贤之书不可妄自更改；三是凡重复处必有其重复的道理。

《子罕》篇称："子曰：'知者不惑，仁者不忧，勇者不惧。'"翻到《宪问》篇又称："子曰：'君子道者三，我无能焉：仁者不忧，知者不惑，勇者不惧。'子贡曰：'夫子自道也。'"在孔子看来，君子之道有三条：一是仁者乐天知命，内省不疚，故不忧也；二是知者明于事，故不惑也；三是勇者折冲御侮，故不惧也。孔子说，可惜这三条我都没有做到。子贡补了一句，说事实上老师已经都做到了，只是谦虚罢了。

孔子为什么说"仁者不忧"？

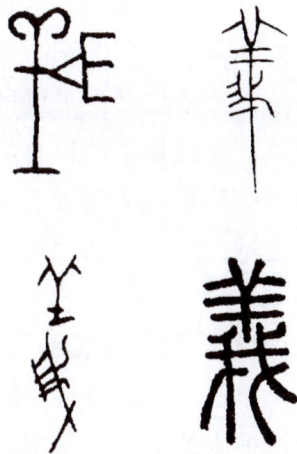

不同时期的"義"

么场合，如何穿着、打扮都有法度，需要礼容各得其宜。到了春秋战国时期，"义（義）"字又从礼容法度引申为理义、道义，进而也引申为正义，即人们在社会生活中应该确立的观念意识和应该遵循的行为准则。

117

我们不妨先看看孔子的"仁"包含着什么。

第一，仁就是爱人。《论语》中称："樊迟问仁。子曰：'爱人。'"樊迟向孔子请教什么是仁，孔子的回答很干脆："爱人"。这两个字的答案至少有这样三层意思：一是他想告诉我们的，这世上有琳琅满目的"物"，也有各种各样的生命体，但唯有人最为宝贵；二是我们爱的对象是人，不分男女老幼，不分尊卑贵贱，也不分亲疏远近；三是不论自己处于什么样的状况，或穷或达，在家也好，出门也罢，始终要心里装着人，关心人，帮助人。

第二，仁不是别人要求你的，不是装出来的，不是做给别人看的，也不是为求回报的，仁是发乎内心的一种真诚、一种自觉，是自然而然的流露，换句话说，仁成了他内心的一种需要，"爱人"成了他与生俱来的一种使命。所以孔子说："巧言令色，鲜矣仁。"因为仁是发乎内心的真诚，是对生命的敬重，所以显得庄重、肃穆。"仲弓问仁。子曰：'出门如见大宾，使民如承大祭。'"出门就像接待贵宾一样庄重，引导百姓就像举行祭典一样肃穆。因为仁是发乎内心的真诚，是一种几乎基于本能的自觉，所以才会时时恭敬、处处恭敬。"樊迟

问仁。子曰：'居处恭，执事敬，与人忠。虽之夷狄，不可弃也。'"在孔子看来，一个仁者，平日里居家谦逊有礼，做起事来敬畏有加，待人接物真心实意。即使去了未开化的野蛮之地，这样的品德也不能丢弃。

第三，对人仁爱，需要推心置腹，将心比心，推己及人。爱自己的父母，进而爱他人的父母，爱全天下人的父母；爱自己的兄弟姊妹，进而爱他人的兄弟姊妹，爱全天下人的兄弟姊妹。"推己及人"，缘于真情的流露，没有半点的勉强，也没有半点的做作。所谓"己所不欲，勿施于人"，也是这个道理。

"子贡曰：'如有博施于民而能济众，何如？可谓仁乎？'子曰：'何事于仁？必也圣乎！尧舜其犹病诸。夫仁者，己欲立而立人，己欲达而达人。能近取譬，可谓仁之方也已。'"子贡有一天问孔子："假如有这样一个人，尽自己所能，广泛地对他人给予种种的好处，并帮助他人渡过一个又一个难关，这人怎么样？可以说是仁了吗？"孔子回答说："岂止是仁呢！那一定是达到圣的境界了。即使像尧舜这样的人也很难做到事事周全，常常也会心有余而力不足，更何况我们一般的

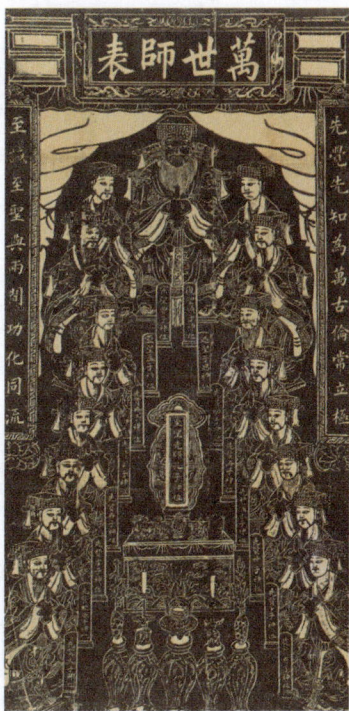
［清］孔子及其弟子神位像

为仁。一日克己复礼，天下归仁焉。为仁由己，而由人乎哉？'颜渊曰：'请问其目。'子曰：'非礼勿视，非礼勿听，非礼勿言，非礼勿动。'"颜回有一天求教老师究竟什么是仁。孔子说："约束自己，让自己的言行都符合礼的要求，这就是仁。只要你哪天做到了，你就会发现这个世界充满了仁爱。所以，要想做到仁，全得靠自己身体力行地实践，不能仰仗他人。"也就如孔子在《述而》篇所说的"仁远乎哉？我欲仁，斯仁至矣"。颜回求教"复礼"的具体内容。孔子说："不合乎礼的不看，不合乎礼的不听，不合乎礼的不说，不合乎礼的不做。"颜回说："我虽然不够聪明，也要努力做到这些话。"现实人生中，我们厌弃繁文缛节，这很正常，但还是要讲究一些规矩的。一个人浸染在"礼"的氛围下，潜移默化，自然而然地会摒弃一些私心，节制一些欲望，内心会培养起一份虔诚，懂得敬畏，会对人间的苦痛多一份敏感，从而唤醒自己的责任意识。

　　第五，仁者常常尽心而已，力所能及地关爱他人，不求相应的回报。"司马牛问君子。子曰：'君子不忧不惧。'曰：'不忧不惧，斯谓之君子已乎？'子曰：'内省不疚，夫何忧何惧？'"

人啊。所谓仁，其实道理很简单，就是你自己想要体面地、有尊严地站稳于人世间，你自然也会帮助他人如你这般站稳于人世间；你自己想要建一番事业，自然也会去帮助他人实现其事业的梦想。能够从自己身边的事例中去将心比心地体会、感悟，这应该可以说是仁了。"

　　第四，诚然，人毕竟是现实社会中的人，人自然会有私心，也会因私心遮蔽自己，所以，爱人之心需要"养"，也就是需要培育，需要呵护。孔子提出了"克己复礼"。

　　"颜渊问仁。子曰：'克己复礼

这样的人生坦坦荡荡，问心无愧，从容而自得，不仅仅"不忧"，也"不惧"；不仅仅无怨，而且还乐在其中。所谓"在邦无怨，在家无怨"，不管他在替君王做事，还是服务于卿大夫，心底无私天地宽，无怨无悔。"贤哉回也！一箪食，一瓢饮，在陋巷，人不堪其忧，回也不改其乐。贤哉回也！"就像模范青年颜回一般，饿了，随便吃点，填饱肚子而已；渴了，舀一瓢水就能解决。住在这样简陋的小巷子里，过着如此清贫的生活，大多数人会整日愁眉苦脸，忧心如焚，然而颜回却自得其乐，处之泰然。而孔子自己呢？"叶公问孔子于子路，子路不对。子曰：'女奚不曰，其为人也，发愤忘食，乐以忘忧，不知老之将至云尔。'"楚国的大夫叶公有一天向子路打听孔子的为人，子路什么也没说，估计也不便说。孔子得知此事后，像是半开玩笑地对子路说："你为什么不这样说呢，他的为人啊，做起事情来常常忘了吃饭，整天乐呵呵地好像从来没有什么让他烦恼、忧虑的事，他跟我们在一起，似乎都忘了自己是一个上了年纪的人。"

正因为"仁"包含着上述这么多的内涵，所以孔子才说"仁者不忧"。

那么，孔子又是如何看待"义"的呢？

孔子谈及"义"相对少些，即使谈及，也十分简约，点到为止。譬如：

"子曰：'君子喻于义，小人喻于利。'"说的是同样做一件事，君子常常领悟的是道义，因为他看重道义；小人往往领悟的是利益，因为他看重利益。

"子曰：'饭疏食饮水，曲肱而枕之，乐亦在其中矣。不义而富且贵，于我如浮云。'"说的是人的生活哪怕是吃着简陋的饭，喝点水解渴，弯起手臂枕着呼呼睡觉，这样的简单、随意、自在的生活也充满乐趣。不合道义的富有而又高贵的生活，对于我来说，就像天上的浮云一般。

"子路问成人。子曰：'若臧武仲之知，公绰之不欲，卞庄子之勇，冉求之艺，文之以礼乐，亦可以为成人矣。'曰：'今之成人者何必然？见利思义，见危授命，久要不忘平生之言，亦可以为成人矣。'"子路有一天向孔子问什么是完人，孔子说："像臧武仲那样的智慧，加上孟公绰那样的不贪心，加上卞庄子那样的勇敢，加上冉求那样的多才多艺，再用礼乐加以修饰修饰，也就可以称为完人了。"

又紧跟着补充道："现今的所谓完人又哪里一定要如此呢？能够做到看见利益想到是否合乎道义，见到危难敢于献身，能够不忘记去做早已约定的事，不食其言，也就可以称为完人了。"

"孔子曰：'君子有九思：视思明，听思聪，色思温，貌思恭，言思忠，事思敬，疑思问，忿思难，见得思义。'"说的是孔子认为，要成为君子，必须在以下九个方面多思量：看的时候要想想看清楚了没有；听的时候要想想听明白了没有；待人时要想想脸色是否温和；与人相处要想想神情是否恭敬；说话要想想是否实在；做事要想想是否认真；有了疑问要想想怎样向人请教；遇事发怒时要想想后果；有利可得时要想想是否正当。

以上各条，我们发现孔子都不是专门就"义"展开的议论或阐述。在诸多的表述中，我们也不难发现，孔子所说的"义"大体指的是那些为人们所普遍认可的，同时又是符合"仁"的精神的生活原则和行为规范，也就是我们常常说的"道义""正义"。

"义"与"仁"有明显的不同。

先举个例子来说，你救下了一个小孩，这叫"仁"。这里你不会刻意去关注你救下的小孩是谁家的

孩子，也不会刻意去关注当时救人的情景，也不会刻意去关注你冒了多大的风险。现在，有两个小孩，一个是你亲生的孩子，一个是你朋友托付给你照顾的孩子，两个孩子只能救一个，你选择救下了朋友的孩子，这叫"义"；或某个小孩处在危难之中，现场有许多冷漠的围观者，独你伸出了援手，这也叫"义"；再或者，你要救下这孩子，需要冒生命的危险，你不顾自身安危救下了这个孩子，这同样叫"义"。

"仁"常常是发自内心的、无条件的、感性的、不分对象的，甚至于不必刻意去关注效果的。而"义"往往基于一种理性的分辨、认知，有时还需要反复地权衡、冷静地评估。

古人把"义"经常也写作"宜"或"谊"，应不应该？合不合适？可不可行？它需要有一个分析、比较、判断的过程，也就是"见得思义"，它需要"思"。比如做一件事，不论是君子还是小人都清楚地看到了其中的"利"，小人不假思索地将"利"放进了自己的口袋，而君子却要思量一番，权衡一番，最终发现这"利"是"不当得利"，不合乎道义，是"不义"，也就推拒了，放下了，就当是天上的浮云，让它从眼前飘过也就飘过了。

121

此外，"仁"常常是绝对的，你捐出一元钱是"仁"，你捐出一个亿的钱也是"仁"，两者都是百分百的行为，常常没有大小之分；而"义"往往是相对的，我们常见的文学作品中，主人公历尽艰险，手刃了恶贯满盈的仇人，替家人报仇雪恨，那是"小义"，为天下苍生赴汤蹈火，那是"大义"。

所以，评判做一件事是不是"义"或"不义"，首先要去看看"义"所指向的"理"，也就是我们所称的"道义"。"子曰：'君子之于天下也，无适也，无莫也，义之与比。'"在孔子看来，君子对天下的事情，没有一个固定的方法，他在不同的时间，不同的情况下，处理事情所用的方法很可能是不一样的，这是变的一面；还有不变的一面，便是"义"，道义是不变的，不管君子用什么方法来做，都是要符合道义的。然而，作为做事原则的这个"道义"不是显而易见的，你还必须做一番分析、比较，进而权衡、抉择，这一系列的过程可以叫作"知义"。"知义"，在某种程度上属于智力的范畴。

但人们在智力上往往是有差别的，社会生活中的一些人，或者遇事没有思考的习惯，也不做任何的分辨、比较、权衡，或者思考能力不足，最终还是没有按道义来行事。正是因为如此，孔子提出了"知者不惑"，"知"即"智"也。

心里明白什么是合乎道义的，什么是有悖于道义的，这还不够，"知义"之后还必须"行义"，要化为具体的行动。"子曰：'君子义以为之，礼以行之，孙以出之，信以成之。君子哉！'"孔子说，君子认同了某种"义理"，内化为人生的某种理念，需要用合乎礼的要求去践行它，用谦逊的言语去表现它，用诚信的态度去完成它，这才是君子。文中的"孙"，通"逊"。

有些人做不到这一点，或因为积习难改，所谓"闻义不能徙"；或因为缺乏足够的勇气，所谓"见义不为，无勇也"。所以，孔子又提出了"勇者不惧"。

智者不惑，勇者不惧，勤者不贫，廉者不腐

122

和谐

第十五章

和谐

HEXIE

一、什么是和谐

（一）先说"和"

"和"也写作成"咊"，许慎《说文解字》解释为"咊，相应也。从口，禾声"。这样的解释，其背后的逻辑是什么呢？

近人章太炎先生《国故论衡》一书中曾称："语言者不冯(凭)虚起，呼马而马，呼牛而牛，此必非恣意妄称也。"说的是语言不是无缘无故出现的。比如"芋"字，《说文解字》这样解释："芋，大叶实根骇人，故谓之'芋'也。从艹，于声。"南朝时慧琳《音义》称："大叶实根惊人者也，故谓之芋。蜀多此物，可食。其本者谓之蹲鸱。"其中的"本"，指的是母芋，它的形状如同一只蹲伏的鸱，因此得名。五代时南唐徐锴所撰《说文解字系传》称："'芋'犹言'吁'也。'吁'，惊词，故曰'骇人'，谓之'芋'。芋状如蹲鸱，故骇人。"

如果说"芋"是上古时候人们在野外挖掘、采集果实时因惊呼"吁"以引来同伴而得名、得声的话，那么"和"会不会同样也是上古时候人们在野外采集食物时，呼"禾"以引来同伴而得的呢？或者是一群人，你呼一声"禾"，他呼一声"禾"，

123

和　　　　稳　　　　年　　　　富　　　　贸

彼此呼应着一起在野外采集时的情景。或许正是因为这样，许慎才把"和"的本义释为"应声也"。

许慎把"和"看成形声字，但我更愿意把它看成会意兼形声字。香港知名实业家、著名语言文字学家安子介先生曾撰有《劈文析字集》一书，书中他总是喜欢用最直接也最易懂的方法去解释汉字的字义。按照安子介先生解字的思路，我们不妨也来模仿一二：

譬如，"和"，一边是"禾"，庄稼，一边是"口"，人的嘴巴。"民以食为天"，当人的嘴巴有粮食做保障，能吃饱饭，人的脸色才会"温和"，说起话来才会"和气"，人与人之间才会"和睦"，社会才会"和谐"，天下才会"和平"。

"ㄥ"是人的一只手，"彐"是"又"的变形，也是一只手，当人们在地里左一把、右一把收割"禾"即庄稼的时候，他的"心"里就特别"稳"，因为今年收成好，心里踏实。

"年"在殷商甲骨卜辞中像一个人肩上扛着"禾"的形状，本义是收成、年成。清代天坛的"祈年殿"是举行祈求丰收礼仪的祭坛，早在商、周时这样的祭祀活动已十分常见。

"宀"，这是一个房子，住着一户人家，每个人按户口都有自己的"田"，田里收成好了，也就"富"了，过上了富裕的生活。家里常常有些粮食多得吃不完，有的生产物资一时也用不了，于是他们把吃不完的粮食和一时用不上的生产物资拿到集市上交易。最初的集市常常是早市，交易完了也不影响去地里干活，"卯"是半开着的两扇门，庄稼人半开着两扇门时，常常是日出卯时，夏天五点钟，冬天七点钟，勤劳的人们便扛的扛，背的背，去赶早市。一开始是"以物换物"，后来有了货币，即"贝"，交易更方便了，于是就有了"贸"。当然，庄稼人靠天吃饭，也总是有年成不好的时候，或遇旱灾、水灾、蝗灾，或遇战火，房子"宀"没了，一家几口人都指望着的"田"里的收成也没了，都"辶"了，这叫作"逼"。遭遇如此极端困苦的处境，有的人

《太平春市图》 ［清］丁观鹏

背井离乡，逃难去了，"凶"是猎人挖的诱捕动物的陷阱，"宀"是陷阱上面做伪装之用的遮盖物，两者合在一起指的是凶险的处境。面对这样凶险的处境，人们只能逃离，于是有了"离"字。"内"是牲口向前走时，人从后面看到的样子，其中"冂"是牲口的两条后腿，"厶"是牲口的一条尾巴，人们牵着牲口，驮着仅有的一点家当，走了，远远地只看到牲口的尾部。生活艰难，也有的人被逼无奈做了小偷，做了强盗。"窃"，繁体字为"竊"，小偷通过几天的踩点，发现这户人家藏有不少的粮食，"穴"是房子，下面左侧的是"禾"与"米"的合体之形，即尚未加工的谷物与已经加工成的"米"，小偷悄悄地潜入，随手拿起地上的"卣"——一种器皿，把粮食装入其中，放到了门外小树林里的牲口背上，驮着就离开了。再看"盗"字，"欠"字像一个张开嘴巴、伸出舌头的人的形状，"氵"是舌头上滴下的口水之状，

这个人估计好几天没有吃的了，看到别人家器皿上的食物，流下了口水，一不做二不休，拿着就跑，这叫"盗"。古时"窃"也好，"盗"也罢，似乎都是冲着粮食、食物去的。自然，年成极端糟糕的话，这样的小偷、强盗一多，他们也会合起伙来，揭竿而起。民间常有这样的说法，人是铁，饭是钢，一日不吃饿得慌。人们把人比作铁，把饭比作钢，再拿人与饭比，比什么？比到底谁硬，比谁扛得过谁，无疑人没有饭是扛不过去的。"饭"，繁体字为"飯"，一旦没了"食"，剩下的便只有"反"了。

这里附会了这么多的汉字，只是想说，"和"除了有可能是拟声字以及许慎所说的形声字外，也有可能是个会意字，指的是一个人有了食物保障后的状态，引申出温和、和气、和睦、和谐、和平等意思。

（二）再来看看"谐"

《说文解字》称："谐，詥也。从言，皆声。"又："皆，俱词也。从比，从白。"段玉裁《说文解字注》称："皆，俱署也。司部曰：署者，意内而言外也。其意为俱。其言为皆。"清末民初古文字研究学者林义光所撰《文源》一书称："从白非义，从白之字古多从口，'皆'，

二人合一口。"也就是两个人同时说话，且异口同声，这叫作"谐"。生活中，不论是同性朋友之间，还是男女恋人或夫妇之间，常有着异口同声的现象，我们常常称作心有灵犀、心心相印，都能想到一块去，说明彼此关系之融洽。也有的在特定的场合下，两个人异口同声，说着同样的话，会让在场的人觉得有趣，忍不住发笑，这便是"诙谐"。

"和谐"在当今社会是一个热词，我们强调人的心与身的和谐，强调人与人之间的和谐，强调人与社会之间的和谐，强调国与国之间的和谐，也强调人与宇宙自然之间的和谐。事实上，我们今天所倡导的这些理念，在先秦诸子思想中都早已有较充分的阐述。

譬如，在心与身的关系上，道家主张的是人的躯体与精神的合一，老子说："载营魄抱一，能无离乎？"说的是人的躯体与魂灵，能做到恪守大道不离不弃吗？要想让这两者合一，须"挫其锐，解其纷，和其光，同其尘"，即必须揭去自我的种种固蔽，打破一切的封闭隔阂，超越于世俗褊狭的人伦关系局限，以开阔的心胸与无所偏执的心境去看待一切人和物。儒家思想一方面肯定人的正当欲求，即所谓"富与贵，是人之所欲也，不以其道得之，不处也"，说的是富有也好，高贵也罢，这是每个人都想拥有的，但如果不是通过正当途径而得来的，绝对不要；另一方面又强调"欲而不贪"，主张节制欲望，反对放纵欲望，希望能掌握中和的原则，保持平和谦冲的心态。

在人与人的关系上，道家倡导"无欲""无为""无争""去甚""去奢""去泰""知止""知足"，只有这样才能做到彼此间和谐相处，其中的"去甚、去奢、去泰"，意思是要去除极端，去除奢侈，去除过度。儒家思想在做人上推崇谦谦君子的风范。"君子和而不同，小人同而不和。""君子矜而不争，群而不党。"意思是说，君子要学会包容，但不是一味地无原则地附和；君子于人无争，于物也无争，但不是一团和气地搞团团伙伙。孟子提出"天时不如地利，地利不如人和"，主张"老吾老以及人之老，幼吾幼以及人之幼"，同样渴盼人与人之间的友爱、和睦。

在国与国的关系上，老子强调"兵者不祥之器，非君子之器"，他反对战争，渴求彼此间"鸡犬之声相闻，民至老死，不相往来"的和平共处境界。儒家经典《尚书》

称："百姓昭明，协和万邦。"意思是百姓通达事理，万国和睦共处；另一部儒家经典《周易》称："首出庶物，万国咸宁。"意思是说，首先显现的是乾卦的元亨利贞这四德，昭示着万国都得以安宁。孔子提出"四海之内皆兄弟"，又称："远人不服，则修文德以来之，既来之则安之。"强调道德感化，反对动辄诉诸武力。

在人与宇宙自然的关系上，老子主张"人法地，地法天，天法道，道法自然"，强调人要以尊重自然规律为最高准则，以崇尚自然、效法天地作为人生行为的基本依归；庄子同样也渴求"天地与我并生，而万物与我为一"的人生境界。孔子主张以"仁"待人，也以"仁"待物，即所谓"推己及人""成物成己"。《中庸》一篇称："致中和，天地位焉，万物育焉。"意思是说，如果能达到中正平和，那么，天地各安其位，生生不息，万物各得其所，成长发育，也即实现天地人三者的和谐、可持续发展。

"和谐社会"，自古以来是人类的根本梦想，下面分别就道家、儒家所推崇的"和谐社会"模式做一介绍。

《桃源仙境图》［明］仇英

二、小国寡民与大同世界

（一）道家的"小国寡民"愿景

老子《道德经》第八十章给我们描述了他心目中美好生活的愿景：

小国寡民。使有什佰之器而不用；使人重死而不远徙；虽有舟舆，无所乘之；虽有甲兵，无所陈之；使民复结绳而用之。甘其食，美其服，安其居，乐其俗；邻国相望，鸡狗之声相闻，民至老死，不相往来。

"小国寡民"，国家尽可能小一些，老百姓尽可能少一些，这是老子这种理想生活的基础，也是前提。当然，老子所说的国家和我们今天的国家概念不一样。另外，老子这么说，并不是想要分裂国家，我们不能无端地给老子扣上这样的帽子。在老子看来，国家大了，治理的难度也就大了，"治大国若烹小鲜"，一口大锅里烹制满锅的新鲜小鱼，你难免会担心下面的烧焦、烧煳了，忙着把鱼翻身；再看看上面的没有熟，还得捣鼓、翻炒。就这样，一锅小鱼，你这么翻来倒去地折腾，鱼的样子看不见了，鱼肉碎了、掉了、煳了，甚至只见乱糟糟的一堆鱼骨头了。韩非子在《解老》一篇中所说的"藏大器而数徙之则多败伤"，也是这个道理。另外，国家大了，相应的统治者、管理者也就多了，这些人为了满足其骄奢淫逸的生活欲求，对老百姓的盘剥、压榨也就多了、重了。"民之饥，以其上食税之多，是以饥。"说的是民众之所以忍饥挨饿，是因为统治者抽取了太多税的缘故，所以才会忍饥挨饿。现在，国家小一点，就不需要太多的统治者、管理者了，甚至老百姓还可以高度自治。老百姓尽可能少一点，也好理解，人多了，资源有限，难免会出现纷争，生活也就不安宁了。

"使有什佰之器而不用"，老子并不一味地抗拒高科技、排斥高科技，他认为我们可以拥有能够提高十倍、百倍效率的各种机械、设备，但最理想的状况是拥有了，而不去用，或者尽可能地少用。后世庄子称："有机械者必有机事，有机事者必有机心，机心存于胸中则纯白不备。纯白不备则神生不定，神生不定者，道之所不载也。"说的是人一旦迷恋机巧的机械，必然会去做机巧之事；长久地做着机巧之事，也必然会生出机巧之心。而有了机巧之心，人的心灵就不那么纯粹了，人很容易坠入急功近利的境地。也就是说，技术的发明和使用不仅会改变人的活动方式，也会改变人的思维方式，更会打开人的欲望，不知不觉中让你不由自主地远离天地大道。

"使人重死而不远徙"，现代人抬脚就往外走，潜意识中好像走得越远就越有本事似的。老子时代的环境跟我们现在的肯定不一样，路上的危险要多得多。你这远远地一走，碰到危险的概率就大了，难免让全家人都为你担心；再说，你这远远地一走，父母亲有难处、有病痛，你也就不能尽责了。事实上，你外出一天，意味着跟家里人相处的日子就少了一天；生活不就是一家人团团圆圆、和和美美地一起过日子吗？当然，老子也不是不讲道理地要把孩子拴在身边，"不远徙"，可以近处走走的，以能相互照应为宜。

"虽有舟舆，无所乘之"，老子还是一如既往地采用这样的句式，我们可以拥有像船、车等各种交通工具，但拥有了，并不是非用不可，最理想的状况是有而不用。因为"国"本身不大，又不"远徙"，就在较小的地界内生活、工作，事实上也不需要非得乘船、驾车的，有时候徒步走走，反倒是有益于健康的。

"虽有甲兵，无所陈之"，老子并不迂腐，尽管他认为武器一类的东西，是"不祥之器"，也就是说，不管出于什么名义的战争，带来的都是灾难、创伤，它常常毁灭人性。但一个国家没有"甲兵"也不行，它是捍卫和平的基础。在老子看来，我们需要有一定的武装，这是我们换来和平的必备条件，但最理想的状况是永远不去陈列它、炫耀它、使用它。

"使民复结绳而用之"，老子的这句话曾引来许多非议，最典型的一种说法就是老子想回到原始社会里去，或许我们都冤枉了老子。"结绳"时代到底是一种什么情景，我们无从得知。但有一点我们是清楚的，结绳计数、记事是十分原始、简单的一种方法。老子推崇简单的生活，推崇没有算计的生活。事实上，小国寡民，自给自足，高度自治，也确实没有什么复杂的，没有什么好算计的。就如同韩非子《解老》中所称："人有欲则计会乱，计会乱而有欲甚，有欲甚则邪心胜，邪心胜则事经绝，事经绝则祸难生。"这里的"计会"即是盘算、算计之意。譬如国家规定要纳税，那就纳税吧，是多少就多少，很简单的事。但有人告诉你，你可以合理避税，于是开始盘算、算计，觉得按此办法的确可以少缴一大笔钱，尝到了甜头，最后干脆不择手段玩起了偷税、漏税的勾当。

"甘其食，美其服，安其居，

乐其俗"，这四句从正面阐述了老百姓美好生活的具体内涵，也凸显了老子关爱老百姓的拳拳之心。"甘其食"，吃任何东西都觉得有味道，好吃。有食物吃进嘴里，再通过咽喉滑入肚里叫作"咽"，吃食物，味同嚼蜡，由嘴巴到地上，叫作"吐"，现在还在嘴巴里，叫作"含"，"甘"，即像一张嘴巴，里面有一物，因为美味，舍不得咽下去，更舍不得吐出来。在老子看来，老百姓不仅要吃饱饭，而且还要吃好饭，吃得有滋有味。这里断然不是把萝卜吃出肉味来的那种做作，而是真的从嘴里到心里的那种甘美。"美其服"，也就是穿上漂漂亮亮的衣服，或者穿什么衣服都觉得美滋滋的。同样的，老子认为老百姓不仅穿凉快或穿暖和就可以了，还要"美"，不仅自己觉得"美"，而且别人看着也"美"。"安其居"，居住舒适、让人安心。要能做到"安"，一来居住空间大，空间逼仄，人难免感到局促、压抑，也就无法体会到"安"了；二来建筑质量牢固，绝对不会是仅仅遮风避雨的那种；三来屋子里各种设施齐备，要什么没什么，怎么能"安"；四来居住环境幽静，白天少有人打扰，夜晚无人搅其清梦。"乐其俗"，首先是一年四季有很多的节日、习俗；二是所有的节日、习俗都有实际的内容、内涵，

与他们的生活息息相关，不像是今天，什么节日都是商家在促销、炒作，或者什么节日就只剩下"吃"；三是他们总是郑重其事地对待、操办每一个节日或习俗，往往几天前就着手准备，全家老少一起动手、参与，穿上该穿的衣服，做了必须做的道具，怀着一份虔诚、敬畏按部就班地参与每一个活动；四是他们能从这样的节日或习俗中感到快乐和满足。

"邻国相望，鸡犬之声相闻，民至老死，不相往来"，老子的最后这段话也常常成为靶子，很多人因此来抨击所谓老子保守。其实，因为国小，"邻国相望，鸡犬之声相闻"，本是事实。一个"望"字，感觉是不经意间的抬头，透着一份安定；偶尔耳朵里飘入几声远处传来的鸡鸣狗吠之声，空气中洋溢着一份祥和。老子不是刻意去反对或拒绝一切交往，"民至老死，不相往来"的意思是说，老百姓到老了或者死了，可以不跟邻国的人有所来往。也就是说，你可以选择去来往，也可以选择不来往。大家都过着春耕、夏管、秋收、冬藏的生活，日出而作，日没而息，自给自足，没有必要非得去打扰人家清净而又安逸的生活。

[清]《乾隆帝元宵行乐图》

（二）儒家的"大同世界"梦想

儒家的"大同世界"梦想记载在《礼记·礼运》一篇中。

大道之行也，天下为公。选贤与能，讲信修睦，故人不独亲其亲，不独子其子，使老有所终，壮有所用，幼有所长，矜寡孤独废疾者皆有所养，男有分，女有归。货恶其弃于地也，不必藏于己；力恶其不出于身也，不必为己。是故谋闭而不兴，盗窃乱贼而不作，故外户而不闭，是谓大同。

"大道之行也，天下为公。"在孔子看来，至善至美的准则大

行其道的时代，天下为公。即天下是所有人的天下，谁更有德能，谁就居天子之位，而不像是后世那般只传于自己的子孙。不难看出，孔子是推崇古代的禅让制的，相传伊祁姓的尧把天子之位禅让给了姚姓的舜，而舜又把天子之位禅让给了姒姓的禹。"天下为公"，后来也引出一个词，叫"公民"，意为有选举的权利，也有被选举的权利。孔子这里很是大胆，正面阐述那个时代的种种美好，第一句话就提出一个极其敏感的话题。要知道，后世历朝历代的所谓仁人志士，对此话题是讳莫如深的，甚至想都不敢去想。

"选贤与能"，涉及官员的挑选，要选择那些有德者、有才干者。孔子那个时代，社会阶层固化很严重，宗法分封制背景下，贵族的子孙还是贵族，爵位是世袭的，平民子弟难有晋升之路。到了秦朝，取消了分封制，推出的是二十级军功爵位制，有点像小孩子玩的杀怪升级游戏，需要实打实地以命相搏。汉初基本沿袭了这种制度，满朝大臣大多是在楚汉相争的战场上从死人堆里爬出来的，汉初皇帝有时也玩玩制举，也就是皇帝立一个名目，让下面的官员推举所需要的人才，譬如发生了一次大地震，死了很多人，作为天子的皇帝认为这

131

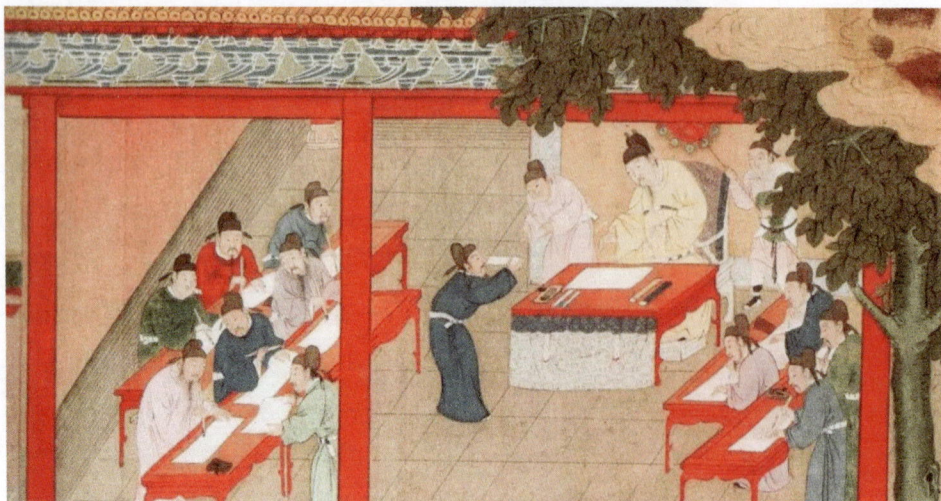
《科举考试图》

是老天在惩罚他、警告他，于是下"罪己诏"，并要求下面的官员推举一名"贤良方正敢直谏者"，让他能时时提醒皇帝，这在某种程度上也是政治作秀而已，包括后来的举秀才、察孝廉，常常沦为一种政治清明的幌子，东汉末民间流传的风谣称，"举秀才，不识书；察孝廉，父别居"，即是明证。直到三国时魏国，魏文帝曹丕手下有个叫陈群的官员，向魏文帝提交了一套新的选官制度，历史上叫九品中正制。实施之初，中正官评议遴选人有两个维度，一是品第，看你家族、门第祖祖辈辈为官者的情况，二是乡议，你在地方上的口碑怎么样，但后来乡议名存实亡，仅看你的出身，于是便自然出现了"上品无寒门"的状况。魏晋南北朝时，这种

状况越演越烈。到了隋唐，朝廷开科举考试制度，但作为常科的岁考科目明经科、进士科，有唐一代，全国上下轰轰烈烈考试，金榜题名的却没有几个，据清人徐松《登科记考》记载，明经科每次上榜的大约在十人，进士科每次上榜的大约在三十人，而这些上榜的人，又大多是官宦子弟，所以，唐朝的科举取士，不过是蛋糕上的一颗樱桃，点缀罢了。孔子在这里赞赏上古时代的"选贤与能"，与他自身的遭遇多少有些关系。他的父亲叔梁纥与母亲颜氏女子因婚姻不合礼法，孔子也常常遭世人鄙视或低看，虽然孔子也算是贵族的后裔，但他能出人头地完全是凭着自己渊博的学识和出色的才干。

"讲信修睦"，孔子谈及人与人

《礼运大同篇》　李超哉　草书

之间的关系，首先提到了诚信，诚信就是不欺，这是人与人之间关系融洽、和睦的关键。你骗我，我诈他，没有信用，相互算计，只会是人人自危，各自提防；国与国之间也一样，想一出是一出，出尔反尔，如何有正常的邦交？文中"讲"字同"修"，有"习"的意思。也就是说，诚信不是喊喊口号就能有的，需要付诸行动，要用相应的制度去落实。

"故人不独亲其亲"，正因为人们有这份诚信，人与人之间关系融洽、和睦，所以爱自己父母的同时，将心比心，也会自觉地去关心他人的父母。"不独子其子"，不会单独慈爱自己的子女，也会顾念他人的子女。"使老有所终"，让年纪大的老人颐养天年。"壮有所用"，让身强力壮的人尽其所能。"幼有所长"，让孩子们接受良好的教育，茁壮成长。"矜寡孤独废疾者皆有所养"。"矜"，有哀矜、体恤、怜悯之意。古代，老而无妻称"鳏"，老而无夫称"寡"，幼年丧父母称"孤"，老年丧子女称"独"，身有残疾的称"废"，疾病缠身的称"疾"。句中没提"鳏"，或缺漏，或将老而无配偶者统称为"寡"了。要让这些遭遇人生不幸的人，生活上有保障，精神上能安定，情感上有寄托。

"男有分，女有归"，男子有男子的职分，无才者耕其田，有能者入仕做官；女子都能找到夫家，"归"，嫁也。汉字的"男"，《说文解字》解释为"丈夫也。从田力。

言男子力于田也"，实际上其中的"力"是一种如"耒"一般的农具，用这样的农具在田里干活，需要花很大的力气，从生理角度看，男人的力气要比女人的普遍大一些，于是这个字便成了男子的统称了。那么女人在干什么？有一个字叫"留"，上面的"卯"是半开着的两扇门，从半开着的两扇门看"田"，说明看的那个人是"留"在家里的女人。家里的活也很多，除了各种家务，还有哺育、照料孩子，服侍老人等。

"货恶其弃于地也，不必藏于己"，对所有的财物能懂得爱惜，不能随意地将其抛弃在野地里，但不必悄悄地藏起来，据为己有。

"力恶其不出于身也，不必为己"，做任何事情，要能亲力亲为，并且要尽心尽力，但不一定非得要为自己做事才如此。上了一点年纪的人都记得曾有的那个时代，为公家做事，出工不出力，而替自己做事，十二分地卖力气，都是私心太重的缘故。

"是故谋闭而不兴，盗窃乱贼而不作，故外户而不闭，是谓大同"，所以，只要把内在阴暗的私心之门关了，人与人之间也就没有了算计，没有了勾心斗角，明抢的强盗也好，暗偷的窃贼也好，造反的乱贼也好，也都纷纷销声匿迹了，到了这样的时候，路不拾遗，夜不闭户，时时太平，处处安宁，人人喜乐，这便是大同世界。